КАРАНДАШ

ОЛЕГ ПОПОВ

ЮРИЙ НИКУЛИН

ЛЕОНИД ЕНГИБАРОВ

Н.М. РУМЯНЦЕВА

КЛОУН И ВРЕМЯ

МОСКВА "ИСКУССТВО" 1989

ББК 85.35
Р86

Р $\frac{4909000000-119}{025(01)-89}$ 124—89

ISBN 5—210—00355—8

Я написал Арлекина, чтобы понять время, в которое я живу...

Поль Сезанн

Это книга о знаменитых клоунах, об их огромном успехе, о тайне клоунской маски. Наверное, в нашем веке мерилом успеха может служить шумная слава звезд кино и эстрады. Но звезд кино много. Зритель выбирает, кому из них отдать предпочтение. Пожалуй, круг поклонников клоуна гораздо шире — его с восторгом принимают и трехлетние малыши и люди, умудренные опытом, очень разных вкусов и профессий. Настоящих клоунов, тем более таких, которые могли бы служить символом искусства клоунады для целого поколения зрителей, всегда мало. Клоун не предлагает новых идей, не открывает истин, и каждое его слово, даже невысказанная мысль совершенно понятны. И он так похож на каждого из нас... В нем все понятно. Кроме одного: в чем все-таки секрет его успеха? В чем тайна маски клоуна? Тайна эта есть. Об этом слишком долго не задумывались искусствоведы. И зрители об этом не задумываются. Они приходят в цирк, чтобы смеяться.

На первый взгляд кажется странным, что записи о работе клоунов, статьи в прессе, имеющие искусствоведческую ценность, появились всего лет сто пятьдесят назад, после открытия стационарных цирков. Неужели только в прошлом веке искусство клоунов стало вызывать серьезный интерес? Но почему?.. Ведь хорошие клоуны — это незаурядные актеры. И клоунов любили всегда. Упоминания о клоунах встречаются в рассказах о важнейших исторических событиях разных эпох, в хрониках, мемуарах. И, похоже, они играли не только для развлечения вельмож и государей. Известны случаи, когда монархи советовались со своими любимцами, вполне доверяя их интуиции, уму и искренности. Любопытный факт: при вступлении девятилетнего французского короля Людовика XIII на престол будущий кардинал Ришелье сказал, что надо, чтобы у молодого короля был новый шут, иначе он будет плохо разбираться в государственных делах. А Людовик IX Святой отложил крестовый поход в Египет на несколько часов из-за опоздания шута. Он сказал, что, если опаздывает его шут, значит, еще не время выступать.

Случайные факты, мелочи, шутки, наконец, капризы великих мира сего, не так ли? Но такие факты слишком часто повторялись, чтобы относиться к ним только как к случайностям. Кстати, еще одна легенда рассказывает, что, когда Людовик XIV, Король-Солнце, воскликнул: «Государство — это я», его шут громко захохотал. На другой день шут смастерил маленький домик и бумажное солнце. Солнце он подвесил у себя над головой, а домик стал поддавать ногами. «Государство — это я»— значит, что хочу, то я и делаю. Так трактовал он слова короля. Людовик понял, засмеялся и добавил: «А вот мой славный шут — это зеркало государства». Клоун — это комическое зеркало времени. Так точнее было бы сказать сегодня.

Воссоздать историю театра легче, чем историю клоунады. Любители театра издавна записывали в своих дневниках и письмах впечатления о спектаклях, об актерах, хранили экземпляры пьес, рисунки, памятные безделушки, что впоследствии стало бесценным материалом для историков. Театральный актер выступает во всеоружии драматургии, режиссуры, актерской школы, определенного стиля игры, у него есть предшественники и последователи. И конечно, он выполняет определенные нравственные требования, которые общество предъявляет к его искусству. Словом, события театральной жизни можно объяснять, систематизировать, находить в них связь с событиями эпохи и т. д. И значит, не так уж трудно догадаться, что слава каждого из актеров велика настолько, насколько его игра соответствует требованиям времени, насколько типичен для времени его герой.

А с клоунами получалась полная путаница. Говорили даже, что у них нет ни драматургии, ни режиссуры. А блистательные экспромты (или то, что казалось экспромтом), которыми клоун восхищал в своих выступлениях! К ним относились как к ресторанным салфеточкам, на которых делал наброски Модильяни.

Клоун так незаметно материал жизни превращает в искусство, что в нем видели скорее остроумного импровизатора, чем актера-профессионала. Какую актерскую школу, какую последовательность развития можно усмотреть в клоунаде, если сегодня нравится маленький толстяк с тонким голоском, а завтра — длинный, мрачный верзила; один болтает без умолку, а предпочитает пантомиму; один не жалеет грима, другой почти не пользуется им. В талантливом клоуне все нравится, но все кажется случайным — и само его появление на подмостках, неизвестно откуда и надолго ли, и его внешность, и его манеры. Наверное, поэтому стали говорить, что клоунада — какое-то «особое» искусство, если искусство вообще.

Многие клоуны написали свои мемуары. И когда их читаешь, чувствуется бесконечное желание самих авторов понять, что же такое быть клоуном. Сколько бы клоуны ни рассказывали о событиях своей жизни, остается впечатление, что очень важное, может быть, главное еще не сказано. В чем все-таки причина их невероятного успеха даже в нашем веке?

Клоун выступает на арене, что-то получается, что-то — нет. Публика смеется,— значит, хорошо. Но как получилось — объяснить трудно. Тем более трудно клоуну объяснить себе, почему не получилось. И одной интуиции оказывается слишком мало, чтобы найти свою ошибку. Конечно, природа искусства клоунады очень сложна. И фигура клоуна не замыкается в рамках циркового спектакля. Образ клоуна существует в нашем сознании независимо от того, что происходило внутри спектакля. Мы можем забыть даже какие-то конкретные трюки этого клоуна, но помним, как он ходил, поворачивался, улыбался, какое у него было выражение лица, и находим в этом что-то очень смешное и близкое нам. Для нас клоун — символ смеха.

Маска талантливого клоуна связана с эпохой гораздо глубже и неразрывнее, чем это представлялось. Появление маски на арене, и ее успех именно сегодня, сейчас, или внезапный конец успеха — все это может быть объяснено.

Есть закономерность в появлении и уходе со сцены тех или иных клоунских масок, и каждый клоун популярен настолько, насколько точно его маска выражает время. Присмотритесь внимательно к костюму популярного клоуна. В нем зашифрованы наиболее характерные линии и цвета современной моды. Художники прошлых веков знали это и внимательно присматривались к костюмам клоунов. Рассказывают, однажды Гойя, только что закончивший портрет королевской семьи, в котором, как он думал, найдена новая цветовая гамма, встретил во дворце шута и воскликнул: «Господи, как будто я макал кисть в ваши панталоны!»

Пожалуй, можно сказать и так: маска талантливого клоуна — это ключ к пониманию времени, в котором клоун живет. И какую бы ситуацию ни разыгрывал в репризе клоун, его маска всегда анализирует время. Естественно, когда резко меняется время, меняются и популярные клоунские маски. Одни клоуны теряют славу, другие приходят к ней.

Чтобы подтвердить эту точку зрения, не нужно забираться вглубь веков и тревожить тени неизвестных нам клоунов. Достаточно немного по-новому взглянуть на творчество таких хорошо известных нам клоунов, как Карандаш, Олег Попов, Юрий Никулин, Леонид Енгибаров; проследить, что происходило в клоунаде хотя бы на протяжении пятидесяти лет. И можно довольно точно объяснить, почему в конце тридцатых годов стал так популярен Карандаш, а в середине пятидесятых любимцем славы, ее баловнем стал Олег Попов; почему с начала шестидесятых самый знаменитый клоун — Юрий Никулин и почему, наконец, одновременно с ним пользуется успехом и любовью зрителей Леонид Енгибаров. Дело не только в том, что каждый из них талантлив, а в том, что талант каждого только и мог раскрыться в том отрезке времени, которое их маска точно выразила.

О цирке пишут, что это какой-то особый, праздничный мир, непохожий на будни, а клоуны, с их гримом, трюками, невообразимым реквизитом, далеки от реальной жизни. Но это только кажется. У цирка очень реальное представление о мире и очень сегодняшний взгляд на вещи. И разве любили бы так клоунов, если бы они давали искаженное представление о времени, если бы их искусство не было реалистическим?..

Итак, на арене — клоуны...

КАРАНДАШ

ДОЛГИЙ УСПЕХ МАСКИ

Когда однажды Карандаша спросили, доволен ли он своей судьбой на манеже, он ответил: «Никогда не задавайте такой вопрос человеку, который в семьдесят лет решил стать серьезным. Сорок лет я шутил на манеже. Теперь пришло время разобраться, над кем и над чем я шутил. Конечно, я сказал не все. Но все, что я сказал, я хотел, чтобы было современно. У каждого вида искусства свой путь к истине, а у каждого художника свой путь познания истины. Я выбрал смешной путь».

Карандаш — очень известный клоун. О нем рассказывали легенды, о нем ходили анекдоты, о которых он даже не подозревал. Существует несколько биографий Карандаша помимо той, которую он сам рассказал в своей книге. И по сей день жители нескольких городов оспаривают друг у друга право считать его своим земляком. Многим казалось, что они лично знакомы с артистом.

Зрителям всегда хочется знать о клоуне непременно больше, чем он сам знает о себе. Это и называется популярностью, которую никто не смог бы объяснить ни биографией клоуна, ни даже его творческими успехами.

Цирк, как всякое искусство, связан со всеми событиями времени. Чтобы на протяжении пяти десятилетий сохранять славу, талант клоуна должен быть всегда неожиданным, а его клоунская маска — гибкой и подвижной.

Итак, на арене — Карандаш.

...Публика уже на местах. Публика ждет. Музыканты антимузыкально настраивают инструменты. Но вот прожектора направляются на них и они смолкают.

Ненадолго. Взмах палочки — и грянула очень бодрая увертюра. Сейчас на ковер выйдут клоуны. А в конце клоунского парада — Карандаш. Или он выедет на тележке, которую везет осел.

Так и есть. Карандаш выезжает на тележке. Тележка двигается до середины манежа. Осел внезапно останавливается. Как вкопанный. Карандаш просит его, понукает, щелкает вожжами. Бесполезно. Инспектор требует, чтобы Карандаш освободил манеж.

— Проезжайте! Проезжайте!

— Да не нервировай меня,— отвечает Карандаш, а сам нервничает под грозным взглядом инспектора. Осел ни с места.

— Вот осел-то! — Карандаш замахивается кнутом.

Инспектор перехватывает его руку: бить осла нельзя. Идет мимический диалог: «То есть как — нельзя?» — удивляется Карандаш.— «Осел на то и осел, чтобы его уговаривали».— «Ведь он не тронется с места, если я его не отхлестаю».— «Я вам уже сказал — не хлестать. Ну, хватит объясняться, проезжайте скорей!» И тогда Карандашу ничего не остается, как выпрячь осла, усадить его в кресло на тележке, а самому впрячься. И уйти с манежа.

У клоунов есть репризы, с которыми они выступают по многу лет. Но публика, знающая их наизусть, тем не менее смеется, как будто видит впервые. Потому что дело не в трюке, который лежит в основе номера, и даже не в сюжете, а в ассоциативной наполненности и глубине лучших клоунад. И чем шире круг ассоциаций, чем глубже они затрагивают психологию современников, тем дольше живут. Иногда зрители сетуют, что в цирке показывают клоунады, которые видели еще наши бабушки. Но часто эти сетования бывают несправедливы. Действительно, темы, сюжеты, трюки как будто те же, однако повороты и характеры этих сюжетов меняются и сами темы наполняются иной информацией.

Когда в начале века на бульварах Парижа появилось несколько колясок с кучерами-женщинами, в цирке пользовалась успехом такая сценка: на арену выезжал экипаж, за кучера сидела женщина, а пассажиром был элегантный господин. На середине манежа экипаж останавливался. И сколько кучер-женщина ни понукала и ни подстегивала лошадь, экипаж на двигался. Тогда галантный пассажир вылезал из экипажа, выпрягал лошадь, впрягался вместо нее и увозил экипаж. Женщина улыбалась и подстегивала кнутиком своего нового «коня»... Здесь была и конкретная злоба дня и истинно французское решение вопроса. Этакая цирковая формула галантности.

Трудно сказать, была ли известна Карандашу эта парижская улыбка, да это и не важно. Он повторил трюк, но вызвал совсем другие ассоциации у зрителей.

Да, благодаря, точно выбранным символам, самой конструкции тележки (на ней стоит кресло) получился совсем иной сюжет. Осел впряжен, пассажир сидит в кресле на тележке. Потом они меняются местами — тележка двигается как прежде. Конечно, в этой клоунаде речь идет о человеческой глупости. Если человек разрешает ослу кататься на себе, он не умнее осла. Он думает, что нашел выход из положения. Или он вообще не думает? Если бы Карандаш впряг в свою тележку не осла, а лошадь, медведя, любое другое животное,— пропал бы весь эффект. Именно осел, символ глупости и тупости. А это обитое кожей кресло, стоящее на тележке, в котором сначала сидит человек, а потом осел,— тут просматривается еще один сюжет. Ну, скажем так: о глупцах, которые не по праву занимают начальственное кресло. В таком случае вместо них можно посадить осла и ничего не изменится. Человек, оказавшийся не на своем месте,— это было одной из насущных проблем времени. И эта тема ярко прозвучала в искусстве тридцатых — пятидесятых годов.

Однако не стоит только так толковать смысл сценки. В том-то и прелесть лучших клоунад — ассоциации они вызывают очень разные. Клоунские сценки лаконичны, каждая деталь должна быть продумана. Карандаш тщательно выбирал реквизит, чувствуя, что именно годится в каждом конкретном случае.

Без клоуна не может быть хорошего циркового спектакля. Это он нанизывает номера программы на свое выступление. Его выход может сделать любой посредственный номер очаровательным. Клоун может спасти номер или уничтожить его. Но клоун добр: он выходит со своими репризами не перед номером, а после его исполнения.

А представьте себе, что все было бы наоборот. Ну, вспомним хотя бы репризу Юрия Никулина и Михаила Шуйдина с гирей. Никулин собирается поднять гирю, вынесенную с трудом тремя униформистами. Он долго подготавливается, разогревается, разминает мускулы, обтирается полотенцем, как это делают спортсмены. Наконец, раскачиваясь от напряжения, поднимает гирю. И в тот момент, когда публика ему почти поверила, Никулин флегматично опускает гирю, еще раз быстро поднимает ее одним мизинцем и шлепает ею по голове своего партнера. Гиря отскакивает как мяч. Какой силач рискнул бы выйти после этой репризы?

Какой фокусник покажет всерьез трюки «распиливание» или «прокалывание кинжалами», после того как клоун уже показал нам, как это делается, закрывшись куском материи и подставив вместо головы кочан капусты.

Карандаш громко объявлял: «Фокусы!» — вынимал из кармана бутылку, лист газеты, демонстративно заворачивал бутылку в газету и улыбался. Делал таинственные жесты руками, еще раз говорил: «Фокусы!» — и разворачивал газету. Бутылки не было. Она исчезла. А когда клоун раскланивался и слегка отступал в сторону, бутылка вываливалась из-под брючины на пол. Как же потом это делать фокуснику, если все понимают, что разница будет только в том, что он не выронит бутылку?

Древние иллюзионные аттракционы — «сжигание на костре», «распиливание», «отрубание головы» — нагоняли ужас на зрителей. Все эти чудовищные «казни» попробовали на себе клоуны нашего столетия. Они взглянули на них с иронией. И иллюзионный жанр подчинился точке зрения клоуна. Редко какой иллюзионист работает теперь всерьез.

Теперь это считается нормой — когда в номер иллюзиониста вмешивается клоун и даже становится партнером. Но в сороковых годах это было неожиданно. В аттракционе иллюзиониста Эмиля Кио главным была эффектность трюков и их «шикарное» оформление: десятки вышколенных ассистентов так красиво и беспрекословно служили безграничной власти мага, что сомнений не было — они действительно исчезали, сжигали или распиливали друг друга на части по мановению его руки. А клоун — это не тайна, это быт. Тем более такой клоун, как Карандаш.

Это был неожиданный союз: таинственный Кио, в безупречном фраке, в очках с тонкой золотой оправой, которые он носил как будто нарочно, чтобы прятать за ними свою снисходительную усмешку, и Карандаш, в помятом костюмчике, как пародия на эту безупречность. Карандаш разрешал посмеяться над собой, Кио — нет; Кио только смеялся над легковерной публикой. Смех и иллюзия решили состязаться, и ради этого состязания знаменитый фокусник рискнул высмеять один из своих коронных трюков.

Фокус был старинный — «Дама в воздухе». Иллюзионист делал несколько пассов, и элегантная дама в вечернем платье подчинялась его гипнотической власти. Она ложилась на кушетку и по приказу мага засыпала, вытянувшись прямо, как палка. И вдруг ее тело отделялось от кушетки, поднималось горизонтально в воздухе. Потом так же медленно и плавно дама опускалась и маг приказывал ей проснуться. Публика, которая с восторгом слушала рассказы о гипнотизерах, о таинственных проявлениях магнетизма и прочем, видела в этом трюке нечто особенное, как будто среди обычного циркового обмана появлялась частица неведомого и непонятного.

Но клоун не признавал неведомого и не любил, чтобы ему морочили голову. Когда ассистентка иллюзиониста уже собиралась «заснуть», Карандаш выходил на арену и просил загипнотизировать его. Кио соглашался, придирчиво оглядывая его костюм.

— Только шапочку не надо! — говорил он, словно от шапочки зависел успех опыта. Двумя пальцами снимал ее с головы клоуна и бросал на арену.

Карандаш немедленно поднимал шляпу и надевал, как будто он считал, что вся соль фокуса в этой шляпе и без нее он никак не решится на эксперимент.

— Нет, шапочку не надо,— повторял Кио, вновь бросая ее на арену и продолжая делать пассы.

Клоун еще несколько раз пробовал потихоньку надеть шляпу, но Кио был на страже. В конце концов сила гипноза побеждала: Кио медленно отступал назад, притягивая к себе жестами Карандаша. Карандаш расслабленной походкой двигался к нему. Кажется, он засыпал на ходу... Ассистенты укладывали его на кушетку. И вот он поднимается довольно высоко и висит в воздухе.

Фокусник усмехается, очерчивает в воздухе круги, показывая, что никаких подвохов нет, клоун висит в пустоте. И это производит впечатление. То, что иллюзионист может сложить ассистентку вдвое и еще завязать узлом,— это как бы в порядке вещей. Но Карандаш — он не допустил бы, чтобы с ним так поступили. А может, и в самом деле это не фокус, а гипноз?..

Резким движением иллюзионист будит клоуна. Карандаш открывает глаза, смотрит на Кио и... молниеносно хватает свою шляпу и торжествующе напяливает ее на голову.

Это была победа смеха. Кио, который всю жизнь ревниво оберегал свои секреты, понял, что вмешательство клоуна и смех только усиливают эффектность его трюков, придают выступлению совершенно иную окраску. Но, конечно, при всем том нужен был такой чуткий партнер, как Карандаш.

С легкой руки Карандаша впоследствии в номера магов все чаще стали входить клоуны или сами фокусники стали преподносить свои чудеса с изрядной долей юмора. Впрочем, не будем приписывать Карандашу такие значительные заслуги в перемене характера этого жанра. Просто время изменилось и людям уже было смешно от предположения, что каждый вечер, в восемь тридцать, в цирке кого-то распиливают.

А Карандаш? Он всегда стремился участвовать в номерах, где до сих пор коверные не появлялись. Он нырял в прозрачный бассейн вместе с морским львом, и зрители умирали от смеха, наблюдая, как клоун и морской лев показывают друг другу, на что они способны. А потом лев отправлялся за кулисы, а Карандаш развешивал на веревке сушить свой клоунский костюм и, наконец, «развешивал» и самого себя с помощью прищепок для белья... Так экзотическое зрелище «Морские львы и купальщицы» стало еще и немного забавным.

Но в клетку с хищниками клоун не входил. Хотя и здесь он мог бы найти способ избежать реальной опасности. Когда-то давно он собирался войти в клетку к львам Ирины Бугримовой, чтобы разыграть там сценку. Придумали, как клоун до выхода львов спрячется под тумбой, стоящей в клетке, как потом вылезет из-под нее. Но шутка не состоялась. Клоун решил, что нет ничего смешного в том, что животные работают и живут в тесных клетках. И не стоит печальное передразнивать.

Артисты любят, когда коверный как-то вмешивается в их выступление. Он доброжелательно подчеркивает сложность их работы и искренне готов оказаться в незавидном положении, стараясь повторить их трюки. И все-таки, когда Карандаш взбирался под самый купол и ходил по канату в своих огромных ботинках, у зрителей, увидевших своего любимца на самом верху, уже не было уверенности, что очутиться на канате так уж страшно...

Вот он добрался до середины каната, когда сопровождавший его канатоходец решил подшутить над клоуном и покинул его. Карандаш остался совсем один. Глянул вниз — бездна... Испугался и закричал беспомощно: «Ма-ма-а!» Смеются канатоходцы на мостиках, смеются зрители внизу. Рядом никого. Драма? Но Карандаш обязательно должен повернуть драму к комедии, он такой клоун. Порывшись в карманах, достал рулетку, смерил расстояние до сетки и успокоился. Цифра не так велика. Достал из другого кармана веревку, перекинул ее через канат и начал спускаться. Кажется, все кончилось благополучно. Но он не был бы Карандашом, если бы не нашел еще одного «опасного» поворота в этой репризе, еще одного случая испугаться. Свисающие концы веревки неодинаковой длины — один намного короче. И клоун, спускаясь, постепенно приближается к той роковой черте, когда второй конец веревки «закончится» и он бесславно полетит вниз. И в самом деле, в момент, когда клоун готов торжествовать над канатоходцами, он летит вниз. Искреннее «ах!» зала. Упал в предохранительную сетку. Вскочил. Жив! Только голова совершенно поседела. Карандаш на дрожащих ногах спешит прочь. Оглянулся, смерил взглядом расстояние снизу до каната и еще раз безумно испугался.

Для того чтобы так ловко упасть с каната в сетку, нужна большая сноровка, годы работы в цирке. И тут, кстати или некстати, можно вспомнить первое падение Карандаша. Он упал всего лишь с высоты полуметрового барьера на арену, плашмя, и сильно ударился. Упал нарочно, от беспомощности, чтобы хоть чем-то вызвать смех у публики. Это было его первое самостоятельное выступление. Дебютанта немедленно сняли с программы. Впрочем, тогда он еще не был Карандашом. А был Рыжим Васей — с сильно нагримированным лицом, в рыжем парике, в клетчатых брюках. А потом был Чаплином — в те годы, когда десятки Чаплинов развлекали мир.

Власть Чаплина оказалась так сильна, что другим клоунам конкурировать с ней было невозможно. И многие поняли, что смогут заслужить какой-то успех, лишь двигаясь в фарватере его славы. Они уже соревновались между собой только за честь быть лучшей копией Чаплина. Чаплины на эстраде танцевали комические танцы, распевали куплеты, вертели на пальцах тарелочки, участвовали в номерах гимнастов и акробатов. И зрители принимали их с удовольствием, перенося на них частицу той любви, которую вызывал сам Чарли.

Цирк, который так гордился своей самобытностью, тоже не устоял. Представления теперь вели Чаплины. Соблазн быстрого успеха был слишком велик. И молодой клоун тоже не удержался. Конечно, в училище циркового искусства, которое он окончил, ему говорили о творческой самостоятельности, о бесполезности подражаний. Но, наверное, клоун все-таки начинается в тот момент, когда почувствует на арене успех. Это лучший его ориентир.

Клоуну нужен успех сразу же, немедленно. Его талант должен получить признание, пока артист полон сил. Когда уйдет время, над которым он шутил, никому не будут интересны его шутки. И клоуны спешат. У других художников есть возможность создавать свои произведения для будущего — у клоуна такой возможности нет. К актеру драмы, талант которого тоже должен заслужить признание, пока он в расцвете сил, время и публика более снисходительны. Он может переживать период неудач, но спасительный сюжет пьесы и окружающий его ансамбль актеров делают его личный неуспех менее заметным для публики. А клоун каждый вечер, может он или нет, должен выйти на арену перед двумя-тремя тысячами зрителей, как выходит на арену тореадор, и добиться успеха. Ему не простят ни осторожности, ни неуверенности, ни приблизительности. Только хороший вкус и интуиция удержат клоуна от ложного пути во имя быстрого успеха.

Первая «коррида» кончилась для Карандаша позором. Он упал и не знал, что делать дальше. Подоспевшие на помощь участники программы заняли публику и увлекли дебютанта за кулисы. Это было в 1930 году.

Позднее в своих мемуарах Карандаш писал: «Одеваясь днем в чаплиновский костюм, я фотографировался в разнообразных положениях, изучал себя в нем, добиваясь точно такого же внешнего вида, как на чаплиновских снимках. Особенно занимали меня чаплиновские брюки. Я пытался их сделать точно такими, как у Чарли Чаплина,— мешковатыми, со своеобразными «чаплиновскими» складками. Я не знал, специально ли были сделаны эти складки или они свободно образовались потому, что костюм был сшит не по мерке. И я сделал эти складки специально, стараясь воспроизвести их в точности такими, как на фотографиях Чаплина, а затем по нескольку раз снимался в новом костюме с целью увидеть себя в нем... Все это поглощало массу времени и сил и отвлекало от главного — от создания репертуара...»

Наверное, не он один так долго мучился, пытаясь идеально натянуть на себя костюм Чаплина. Но неужели клоуны не знали, что секрет феноменального успеха Чаплина в значительности и обаянии самого образа, и в его глазах, и в движениях? Знали, конечно. Но чувствовали, что есть какая-то магия и в его костюме. И не так уж ошибались. Магия была. Я бы сказала так: «графика костюма клоуна» или даже просто «графика клоуна», как есть, скажем, графика художника. По-моему, все-таки графика талантливого клоуна и графика талантливых художников — его современников в чем-то близки между собой.

Карандаш отказался от маски Чаплина. «Мне становилось ясно, что в ряде случаев, в целом характерных для советского цирка обстоятельств маска Чарли Чаплина становилась помехой. Я начинал понимать также, что хотя бы и самое тщательное копирование известной, даже популярной комической маски не приведет меня к чему-либо заметному, большому, самостоятельному, к тому, чего ждет от меня зритель...».

В 1936 году он стал Карандашом. В черном мешковатом костюме, в черной остроконечной шляпе, в рубашке в крупную клетку и с галстуком-веревочкой на шее. И сразу стал знаменит.

Клоун безошибочно ощущает, что к лицу его комическому персонажу, а что нет, сам быстро находит лучшее решение и отбрасывает ненужные варианты. И это в равной степени относится и к Карандашу, и к Олегу Попову, и к Юрию Никулину, и к Леониду Енгибарову. Я не умаляю заслуги режиссеров. Но когда речь идет о настоящем клоуне, то лучший режиссер для него тот, кто замечает во время репетиций неточности в построении репризы, в отдельных деталях, советует, но никогда не заставляет клоуна отказываться от его выдумок и находок. Во всяком случае, практика отношений клоунов и режиссеров такова.

Какие бы дружеские отношения ни связывали Карандаша с Борисом Александровичем Шахетом, а позднее — с Марком Соломоновичем Местечкиным, чаще всего, доверяя его интуиции, творческую инициативу они предоставляли ему. Шахет, который прекрасно фантазировал и осуществлял пышные, красочные парады-прологи, завершая работу над очередным из них, говорил Карандашу: «А здесь ты для себя сам что-нибудь придумаешь». В одном из торжественных парадов Шахета Карандаш придумал для себя такой выход.

...Уже прошла вся труппа, с цветами в руках. Десятки специально приглашенных статистов в роскошных костюмах, лошади, украшенные султанами, две дюжины униформистов в парадной форме и вдобавок клоунский оркестр. Все они сопровождали колесницу, на которой стояла одна из молодых артисток, звезда в платье со шлейфом. Когда процессия удалилась, исчезла колесница, уполз длинный шлейф звезды и манеж опустел, по полу только тянулась какая-то веревочка. Оказалось, что она вытягивает на арену тележку, на которой сидит Карандаш. Он прицепил веревочку к колеснице и с удобством выехал на арену. И теперь уже всем казалось, что вся эта помпезная процессия состоялась только для того, чтобы выехал клоун на своей маленькой тележке... Трюк с прицепленной тележкой не был новостью в клоунаде даже сорок лет назад, но в этом прологе он был остроумной точкой и как бы давал совсем новый поворот состоявшемуся действию.

...В летнем парке стоит статуя Венеры Милосской. Рядом сторож подметает аллейку. Появляется человек в большой серой кепке, с тазом и березовым веником в руках. Он идет из бани и хочет посидеть на скамейке, отдохнуть. Но сторож прогоняет его. Он пришел не вовремя, к тому же скамейку недавно покрасили. Но человек в большой кепке — настойчивый человек. Теперь его костюм, и руки, и кепка — все в зеленой краске. И человек, чтобы вытереть руки, достает из таза мочалку. Но роняет мыло. Скользкий кусок, будь он трижды неладен, выскальзывает из его рук несколько раз. И несколько раз человек поднимает его, пока... пока нечаянно не задевает и не опрокидывает статую Венеры. Венера разбивается. Человек пробует восстановить фигуру, но... путает ее части. Как ни пытается собрать статую, ничего не получается. Не получается потому, что он никогда не обращал на нее внимания, никогда не видел, какой она была до того, как развалилась на куски. Да черт с ней, с этой статуей, подумаешь, Венера Милосская! Тут, чего доброго, сторож объявится. Человек трусливо оглядывается, спешит скрыться. Но запутался в своих подтяжках. Прищемил ногу... Шаги и свистки сторожа. И человек находит выход — взбирается на пьедестал и принимает позу. Чем не Венера Милосская? Правда, в серой кепке.

«Случай в парке» — лучший номер Карандаша; каждое движение артиста сопровождалось смехом. Артист и рассчитывал на смех зрителей, хотя подтекст сценки не такой уж забавный.

Концовка номера «Случай в парке» такая: человек в кепке, стоя на пьедестале, вытаскивает полу длинной белой рубахи из брюк так, что она прикрывает его ноги, и прячет под рубашку руки. «Статуя» готова. Входит сторож. Видит обломки. Поднимает взгляд на пьедестал. Немая сцена... А дальше обычная клоунская погоня со всеми ее атрибутами — опрокинутой скамейкой, сваливающимися штанами. «Кепка» бежит, за ней — сторож, размахивая метлой.

Смысл номера не в справедливом наказании человека в серой кепке. Нет, это ничего общего не имеет с клоунскими антре, где Рыжий из любопытства или по неаккуратности что-то ломает, а Белый его за это дубасит палкой. И тем более смысл не в пикантной путанице частей тела Венеры, вызывающей смех зрителей. Если бы это было главным, номер прожил бы не дольше анекдота. Комедийные эпизоды, которые не поднимаются выше забавного трюка, быстро надоедают, если сам трюк является целью. «Случай в парке» шел изо дня в день более двадцати пяти лет подряд. Этот номер — разговор клоуна со своими современниками о красоте и об отношении к искусству. Венера — олицетворение красоты, символ. Статуя Венеры — прекрасное произведение искусства. И разбивает статую человек, имеющий о ней очень отдаленное представление. Он уничтожил ее в одну секунду. Но восстановить, как ни старался, не в состоянии. Он может только самого себя предложить в качестве эталона красоты. Это номер о бережном отношении к искусству. Не каждый способен быть художником. Кстати, Венеру этот человек пробовал собрать не потому, что ему ее жаль, а просто боялся сторожа, боялся наказания.

Лучшие из клоунад Карандаша обязательно имели подтекст, некоторую философскую нагрузку. Поэтому они были долговечны. И хотя конкретный сюжет оставался прежним, каждое новое поколение зрителей вкладывало в них свое содержание. «Случай в парке» — единственный номер, над которым клоун работал очень долго.

Иногда читатели или зрители спрашивают: а вы уверены, что именно это хотел сказать клоун своей репризой или номером? Или это все-таки желание рецензента, критика выдать желаемое за действительное?.. В самом деле, антре со статуями был в цирке еще в прошлом веке. Но только клоуны не ломали их на куски и не разбивали. Клоуны часто напяливали на статуи свои шляпы, как-то меняли их позы — словом, обращались несколько непочтительно. И тогда статуи оживали и тузили клоунов. У Карандаша была совершенно другая жизненная информация, когда он создавал свой номер. Он видел, как недавно, во время бомбежек рушились здания, скульптуры. «Чтобы уничтожить красоту, нужно мгновение. Чтобы восстановить ее требуются столетия». Так сказал клоун, искусство которого предполагает поступки неожиданные и даже абсурдные — и тем не менее точные в нравственных и социальных аспектах. Возможно, кто-то увидит в «Случае в парке» совсем другой смысл. Сам клоун не возражал против данного мной толкования. Соглашался, но и удивлялся. Ведь клоуны, придумывая репризы, вряд ли задают себе вопрос — а что я хочу этим сказать? Они ищут конкретно смешное. Но он видел, как разрушали храм Христа Спасителя...

Номер «Случай в парке» имел широкий круг ассоциаций. Эмоции и фантазии зрителей сделали его долговечным. Помимо номеров со сложным подтекстом в репертуаре Карандаша были и другие сценки, не имевшие такой глубокой и прочной основы, но и они нравились зрителям. В цирке такие сценки называются злободневными, и живут они ровно столько на арене, сколько конкретная злоба дня беспокоит людей. Несколько дней или несколько месяцев. Придумываются они быстро и не нуждаются в тщательной отделке. Однако, если ни у кого не вызывает сомнения, что сама тематика номеров такого рода непременно и очень точно связана с событиями дня, то и режиссерское и актерское решение таких сценок у популярных клоунов тоже сегодняшнее. Сравним, например, злободневную сценку из репертуара Виталия Лазаренко и сценку из репертуара Карандаша.

«Шпрехшталмейстер: Почему кино называется «великий немой»?

Лазаренко: Потому что там много картин разных,
Но главным образом буржуазных.

Шпрехшталмейстер: При чем же здесь «великий немой»?

Лазаренко: А при том, что рабочий смотрит на экран с тоской и говорит: великий, но не мой...»

Или такая реприза:

«Лазаренко: Эй, молодежь, садись за книгу!
Бери науку за бока,
И по-советски к знаньям прыгай,
Освоив технику прыжка! (Клоун прыгает.)»

Так выступал «красный народный шут» Виталий Лазаренко в двадцатых годах. Для него самым важным был принцип «утром в газете, вечером в куплете». Новостей было много, и он торопился рассказать их с манежа. И пользовался на арене теми же формами общения, какие наблюдал в жизни. Вся страна митинговала и дискутировала. И Лазаренко вел себя на арене как оратор. Он говорил громко и уверенным голосом, часто пользовался лозунгами. Для него важнее было не проникнуть в суть явлений, а назвать их, констатировать сам факт. И с точки зрения той эпохи это было верно. Время такое — надо было агитировать.

А вот злоба дня, как ее понимал Карандаш. Тридцатые годы были годами рекордов, годами стахановского движения. Но дело не обходилось и без липовых рекордсменов. И порой вокруг маленького дела начиналась большая шумиха. Карандаш по-клоунски комментировал подобные факты. Он выходил на манеж в сопровождении своей собачки. Доставал тарелку, нож, несколько сосисок. Оркестр играл бравурную музыку. Клоун неторопливо разрезал сосиски на мелкие кусочки и раскладывал их на тарелке. Наконец все было готово. Барабаны били дробь. Все замерло в ожидании. Сейчас совершится нечто экстраординарное, то, ради чего было столько приготовлений. И когда любопытство зрителей достигало кульминации, Карандаш ставил тарелку на пол, и собачка молниеносно проглатывала сосиски. Карандаш раскланивался, поднимал тарелку и уходил вместе с собачкой.

Он не ораторствовал, не говорил ни о чем «в лоб». Он предпочитал, чтобы зрители сами догадались о том, что он хочет им сказать. И делал это тонко и насмешливо. Словом, в самой незатейливой сценке его актерская и режиссерская палитра довольно богата. Агитировать, доказывать, убеждать, как это делал Лазаренко в двадцатые, ему не надо было: в зале сидели единомышленники, и они все прекрасно понимали. С другой стороны, клоун конца тридцатых годов, конечно, должен был строить сценки так, чтобы помимо конкретного сюжета зрители еще угадывали какой-то подтекст. Он на что-то намекал, но никаких уточнений. И, наверное, увидев собачку, которая под грохот барабанов съедала сосиску, зрители вспоминали какие-то шумные кампании вокруг пустяков. Впрочем, шум вокруг пустяков бывает в любое время. Сценка зрителям нравилась и стала постоянной в репертуаре клоуна. Карандаш остро чувствовал, когда его репризы устаревают. Единственная возможность продлить жизнь своих номеров — рассказывать в них не о конкретных мелочах быта, а о вечных радостях и печалях, о человеческом достоинстве и пороках. Эти темы никогда не стареют.

Но клоуны знают и другое — что человеку нашего века ежедневно нужна свежая информация, включая политическую. Клоун учитывал это и такие репризы умел делать тоже. Придумывал сценку за несколько минут, выпускал в тот же день без репетиций. И несколько дней было смешно. Артист понимал, что смеются потому, что он быстро откликнулся на событие. Ни актерским мастерством, ни особой выдумкой в таких сценах особенно не удивлял. Вместо него другой клоун мог бы исполнить многие из таких сценок.

Если все, что делает популярный клоун, современно, значит, рассказ об известном клоуне — это и рассказ о его времени.

Карандаш поднялся в конце тридцатых годов,

когда уже сложились нормы нового общества. Каждое утро начиналось с бодрого марша по радио, газеты сообщали о новых успехах и трудовых рекордах. А искусство отражало эти успехи. Знаменитая скульптура Веры Мухиной воплотила эстетический идеал времени — в фигурах Рабочего и Колхозницы была энергия и решительность. Скульптуры шахтеров, физкультурников, строителей появились на фасадах зданий, украсили станции метро. Популярными актерами стали Николай Крючков, Борис Андреев, Петр Алейников, Михаил Жаров, лица которых были очень похожи на лица их зрителей.

Времени всегда нужны свои выразители — писатели, художники, актеры. И, конечно, свои клоуны. Сколько бы мы ни говорили, что первая неудача заставила Карандаша внимательно наблюдать жизнь, тренировать свое лицо и тело, мы все же не поймем, почему именно его клоунская маска лучше других соответствовала времени. Потому что, как бы ни был талантлив художник, будет ли он принят современниками — зависит и от его эстетического и духовного совпадения с временем, в котором он живет. И принят он будет настолько, насколько его лицо, голос, движения соответствуют краскам времени, насколько он чувствует, что́ сегодня смешно, а что́ остается драматичным.

В конце тридцатых Карандаш ощутил полный контакт со зрительным залом. Его приняли, полюбили. Вскоре начали считать лучшим. Он действительно был очень современен. Достаточно проанализировать его клоунский характер, решение реприз и клоунад. Но к концу тридцатых обновился и весь наш цирк.

Иногда приходится слышать, что цирк — некое абстрактное искусство, независимое от времени. Акробаты, жонглеры, дрессировщики — какая разница, где и когда они выступают, пятьдесят лет назад или сегодня! Меняются только костюмы и усложняются трюки, но всегда были и мастера и посредственности. О какой связи между эпохой и гимнастом на трапеции можно без иронии говорить? Однако, если быть внимательным, нетрудно увидеть, как цирк в своих образах трансформирует события времени. Акробатические номера, например, точно передавали стиль тридцатых-сороковых годов. Цирк забыл о фраках и цилиндрах, без которых раньше не обходился, а бледным, напудренным «аристократическим» лицам акробатов предпочел розовощекие. Пикантные наездницы и томные гимнастки превратились в энергичных спортсменок. И когда группа молодых, мускулистых акробатов выбегала на манеж под жизнерадостные ритмы Дунаевского, в них видели молодость страны. Внешность и судьбы молодых артистов цирка полностью совпадали с теми персонажами, каких они стремились показать на арене.

Типичным аттракционом эпохи индустриализации стал «Семафор-гигант» сестер Кох (хотя премьера его состоялась несколько позже, в 1943 году). Все было в духе времени: торжественность, рекордность трюков. Сам семафор — громоздкий, сверкающий металлом, возвышавшийся на пьедестале под красным бархатом — был главным действующим лицом. Все внимание устремлялось на него. На такой махине, похожей на башенные и строительные краны, надо было работать в полном смысле этого слова. И три женщины, в локонах, в газовых накидках и со страусовыми перьями в прическах (последняя дань прежней эстетике!), поднимались на семафор очень серьезно и сосредоточенно, чтобы установить новые акробатические рекорды. Появление этого и похожих на него аттракционов было закономерно. В пятидесятых-шестидесятых годах аттракционы с подобной конструкцией появились в некоторых других странах социализма, которые как раз переживали процесс бурного строительства. На арене был высокий строительный кран с перекладиной наверху, металлическая ось соединяла его с мотоциклом. Мотоцикл с треском описывал круги по арене. И вся эта громоздкая конструкция, и шум мотоцикла, и сам мотоциклист были во имя того, чтобы привести во вращение две легкие трапеции. Мы всё замечали. Замечали потому, что для нашего цирка это был уже пройденный этап.

А у нас лучшим воздушным аттракционом в эти годы были уже Волжанские («Звездные канатоходцы»). Никаких сеток, никаких клеток и конструкций. Между ажурными мостиками — наклонный канат, он почти не виден. Люди двигались как будто по воздуху. И воздушные переходы выглядели очень символично — как восхождение человека к вершинам познания, красоты. Номер был посвящен первым космическим полетам. Космическая тема прозвучала на чистой, высокой ноте. Космос — это не только романтика, удачные запуски и возвращения. У Волжанских люди в космосе — это и нечеловеческий труд, и усталость, и бесконечное одиночество в огромной безмолвной пустоте. Но это и победа человеческого духа. Именно так воспринимались трое канатоходцев, расходящихся в разные стороны под куполом, в огромном темном пространстве, к далеким светящимся точкам — крошечным мостикам-планетам.

Все это тоже закономерно: наше искусство конца пятидесятых и шестидесятых годов проходило под знаком пристального внимания и интереса к человеку, к человеческой личности, к его внутреннему миру. И многие литературные произведения, сценарии, написанные с любовью к человеку, с болью за все то, что ему пришлось перенести, нашему искусству принесли мировую славу. В цирке к этому периоду постепенно исчезли громоздкие конструкции, а где продолжали свое существование на арене, выглядели явно неуместно и не нравились зрителям. Минимум реквизита, легкость и простота, внимание акцентируется только на исполнителях, на их артистизме. Процесс этот начался как раз тогда, когда на арену легкой, танцующей походкой вышел Олег Попов и покорил всех своей искренней улыбкой.

Такая же большая разница между акробатическими трюками тридцатых годов, их подбором и манерой подачи и трюками шестидесятых-семидесятых годов. Хотя на первый взгляд это меньше бросается в глаза, чем замена реквизита и аппаратуры.

Но если так внятно передают стиль времени акробатические номера, то как же точен должен быть клоун — центр спектакля, его сердце и ум! Карандаш умел одним росчерком, штрихом мгновенно выразить настроение зрителей, поняв, что́ их сегодня волнует.

Каков же был клоунский характер Карандаша? Клоун был приветлив и очень деятелен, розовощек и жизнерадостен. Его не мучали неуверенность и сомнения. Он принимал жизнь такой, какая она есть. И смеялся. Даже попадая в критические ситуации, он смеялся, обиженно передразнивая смех зрителей над ним. Но Карандаш не был обычным весельчаком. Его герой прекрасно соображал, что́ для него опасно, а где можно схитрить. Хитрить он был большой мастер. Но в меру, хорошо чувствуя ту грань, за которой маленькая хитрость уже становится большим пороком. Сообразительный, внезапно смелый, но чаще трусоватый, он отлично ориентировался, где холодно, а где горячо. С прообразами своего персонажа Карандаш каждый день встречался на улицах, потом в зрительном зале, и о них он рассказывал в своих репризах. Само собой, условия игры и финал были клоунскими, он мыслил образами клоунады. Но сам характер и его проявления очень жизненны и узнаваемы. Главное — его доброжелательность и стремление во всем участвовать, действовать,— это сразу вызывало симпатии зрителей.

Зрителям тех лет не мог бы так нравиться ни белый Пьеро, ни музыкальные клоуны, с их куплетами и шутками, любимцы публики начала века. Нет, зрители не поменяли бы на них своего Карандаша. Его оптимизм плюс маленькие слабости и недостатки, не чуждые и нам, привлекали к нему сердца.

Но почему все-таки именно он? Ведь этими же качествами в большей или меньшей степени обладали и его коллеги — Константин Берман, Борис Вяткин, Константин Мусин, Акрам Юсупов, Демаш, Мозель... Прошло более сорока лет, голоса этих клоунов уже не раздаются на арене. Ушли самолюбивые обиды, соперничество. Можно было бы объяснить его лидерство одной фразой: был более талантлив. Кому-то из его коллег не хватило покоряющей доброжелательности, умения даже человеческим недостаткам придать симпатичный оттенок. Я думаю, он был точнее своих коллег в выборе костюма, в пластике, выборе тем, репризы его были глубже и значительнее. Наконец, он был большим мастером, с выразительными движениями, прекрасной мимикой. На арене он говорил мало, но на пантомиму все-таки не перешел. Чутье и здесь не подвело его — для пантомимы еще не настало время. Каким-то неведомым чутьем он нашел свой фальцет, которого как раз хватало на два-три слова, короткую фразу. Ему была свойственна молчаливая многозначительность, в репризах слышался подтекст. Некоторые критики называли этот голос детским и находили много детского в характере и поступках Карандаша. Согласиться с такой оценкой можно лишь при оговорке — «устами младенца глаголет истина». Теперь, когда спустя годы анализируешь творчество Карандаша, ясно, что в решениях, темах, подтекстах его реприз был совсем не детский взгляд на мир. Как это нередко бывает с клоунами, сам Карандаш не всегда ведал, что творил.

В низкую тележку впряжены собаки, а впереди на длинной палке укреплена клетка. В ней кошка. Собаки видели ее, рвались схватить, но клетка неизменно оставалась перед носом. Тележка с клоуном ехала. Сколько было разных клоунских выездов, но такого — никогда. Расшифровать символику? Одни сидят в клетках, другие рвутся их растерзать, а тележка хозяина катится. Эту репризу Карандаш делал в подходящее время — в 1937 году.

...1941 год. Униформисты метут манеж. Выходит Карандаш. Он тоже берется за метлу. Несколько энергичных взмахов — и он со вздохом ее откладывает.

— Карандаш, почему ты бросил метлу? — спрашивал инспектор манежа.

— Не могу. Война...

А вот другая реприза Карандаша о войне. На манеж выезжал бутафорский танк, собранный из старой бочки, на деревянных колесах. Клоун надевал на лицо страшную маску, на голову — каску, брал топор, набрасывал на плечи мешковину и садился в танк.

— Нах Москау! — кричал он. Танк двигался. Секунду. Две. Оглушительный взрыв — и из-под обломков выползала жалкая фигура в лохмотьях, на костылях и хромала за кулисы.

Эта реприза шла с успехом и после окончания войны. Людям просто необходимо было увидеть своими глазами вот такой финал фашистского похода. Эта реприза нравилась больше, чем реприза с метлой, потому что сделана эффектнее: тут и выезд танка, и взрыв, и трансформация костюма клоуна. Хотя в первой — более тонкие психологические наблюдения.

Актуальность не единственное достоинство репризы «Танк». Все детали сценки были точны. Карандаш использовал в комедийном плане реальные атрибуты войны: взрывы, обломки, костыли, увечья — все, что можно было увидеть совсем недавно.

Когда в мире наступила тишина, клоуны на эту тему создают совсем иные репризы.

...Вот на манеже клоун сажает растение, заботливо поливает его. Какой-то король-вояка под бодрую песенку идет в поход, волоча за собой пушку. Пушка придавливает растение к земле. Но когда исчезли и король и пушка, клоун приподнял стебелек, выпрямил его и снова полил. Король с пушкой тут как тут, опять бодро марширует через манеж. И снова пушкой по растению. Клоун поднимает стебелек и распрямляет. Все ясно: так может повторяться до бесконечности. Войны кончаются плохо: вояка тащится весь помятый, хромой, корона вот-вот слетит с головы. А клоун-садовник добился своего: стебелек растет и расцветает. Эту клоунаду в шестидесятах годах показывали Г. Ротман и Г. Маковский.

У Карандаша были наблюдения очевидца. А цветок, корона, мантия, веселая песенка, сказочная символика, использованная Ротманом и Маковским, аллегорически подводили итог войнам вообще. А что, если переставить местами эти клоунады? «Короля-вояку» исполнить в 1941-м году, а «Танк» — спустя лет двадцать. Аплодисментов они бы не вызвали, скорее, недоумение.

Наверное, нельзя рассказывать об одном клоуне вне связи с другими. Ведь речь идет не только о преемственности поколений, но и о преемственности тем и сюжетов, которые остаются на арене, но приобретают современные повороты и решения.

В начале пятидесятых годов в своих мемуарах Карандаш вспоминал:

«Хотя я давно отходил от облика Чаплина, теперь мне предстояло окончательно отказаться от отдельных сохранившихся его черт, и, конечно, от псевдонима.

Более или менее ясно представив себе характер своего нового героя, я приступил к поискам его внешнего облика. Я всегда считал, что в цирке очень важен общий облик комического персонажа, контуры его фигуры — то, что с первого появления привлекает внимание зрителя. Так подсказывали мне законы циркового зрелища, где внимание завоевывается не постепенно, не путем нарастания, но тотчас, сразу, с ходу, и притом чем-либо очень «видным», и где восприятие идет от внешнего к внутреннему.

Однако костюм должен быть не только зрительно выигрышным, но еще и помогать комику. Каждый отдельный предмет, будь то шляпа, пиджак или брюки, должен служить ему для комических действий. Мягкая фетровая шляпа гораздо удобнее для комика, чем твердый котелок, так как, изгибая ее поля и колпак, по желанию можно найти характеристику различных типов. Широкие брюки выигрышнее для комика, чем узкие, — их можно тянуть и крутить руками как угодно: изображая, например, даму, приподнимать «юбку» при переходе воображаемой лужи; в широких штанах может оказаться что угодно: мышь, кошка, колючий ежик и т. д. При работе над новым костюмом нужно было учесть все выгодное, помогающее комику в работе...»

Он, признанный уже мастер, как будто защищает правильность своего выбора. Однако, как и другие талантливые клоуны, Карандаш, скорее, интуитивно нашел нужный костюм и грим. И лишь потом старался проанализировать свой выбор. Эти объяснения иногда кажутся беспомощными. Если бы в свое время спросили у Никулина, почему он остановился на своем костюме, возможно, он ответил бы, что шляпа с твердыми полями лучше, поскольку ее можно крутить на тросточке, запускать наподобие бумеранга; что узкие брюки куда выигрышнее, чем широкие; ведь тем более смешно зрителям, если из карманов таких облегающих брюк достать «мышь, кошку, колючего ежика» — что угодно... А дело вовсе не в том, что удобнее крутить, тянуть или подбрасывать, и не в даме, переходящей лужу. Котелок, головной убор деловых людей Запада, не шел русскому клоуну. Чарли стремился сохранить в своем костюме светскую элегантность, а Карандашу это было не нужно. Соотечественники Карандаша в те годы не уделяли одежде много внимания, и часто один костюм был и повседневным и нарядным. Карандаш выбрал удобную для себя одежду — мешковатую, свободную, сшитую как будто совсем не по фигуре, но расклешенные брюки, болтающийся пиджак очень напоминали фасоны тридцатых-сороковых годов.

Карандаш мог облить свой костюм водой, упасть в нем в опилки. Но как только ему понравилась девушка из первого ряда (такой эпизод непременно был в каждом его выступлении), он старался привести костюм в порядок. Отгладить его. Но как согреть на арене утюг? Карандаш брал свечку, зажигал и на ее пламени грел утюг. А потом утюгом делал «складку» на своих многострадальных брюках. При следующих появлениях на манеже, взглянув на девушку, он пальцами заглаживал складку, стараясь получше выглядеть — это был один из способов выразить свое восхищение.

Карандаш упорно носил костюм черного цвета и считал, что этот цвет уместен везде. По его словам,—

и на торжественном концерте и «перед красноармейской аудиторией, и в пионерлагере, в школе...». Для него это было аргументом, хотя точно так же может быть уместен в пионерлагере и на концерте клоун в зеленом или в синем костюме! Когда с Карандашом заводили разговор о том, не сшить ли ему для разнообразия костюм какого-нибудь другого цвета, он сердился и говорил, что это разрушит маску, и запрещал продолжать разговор на эту тему. И вдруг, без видимых причин, заказал себе зеленый костюм, а затем фиолетовый. С тех пор только в них выходил на арену. Черный вдруг ему показался слишком официальным и торжественным.

Это было в середине пятидесятых годов.

Карандаш не связывал свое решение с происшедшими в жизни глубокими переменами. Но он не мог не почувствовать, как повлияли эти перемены на людей, и не ощутить потребности внести новые краски и акценты в свой клоунский образ.

Но стоит ли придавать большое значение изменениям цвета костюма? Я думаю, да.

Виталий Лазаренко, например, несколько раз совершенно менял костюм, прежде чем у него не появился тот постоянный, двухцветный. В нем он и запечатлелся в памяти современников и остался в истории цирка. Похожий на рабочий комбинезон, разделенный по вертикали на две половины, одна из которых непременно была красной, а вторая могла быть синей или какой-то иной. В том, что этот клоун состоялся, вовсе не второстепенную роль сыграл цвет и покрой его костюма. В нем как будто были зашифрованы два цвета времени, раздел мира на два лагеря — наивная символика двадцатых. Зрители это уловили. Внешний вид клоуна напоминал фигуры на агитационных плакатах.

А костюм Белого клоуна, появившегося в дуэте с Рыжим в европейских цирках в середине прошлого столетия? Белый и Рыжий в течение целого века пользовались просто грандиозным успехом во всех странах. Эти маски примерили на себя многие известные клоуны. Белый — солидный, респектабельный, он всегда знал, чего делать не следует, он философствовал, поучал и даже наказывал Рыжего. Для этого у него в руках был «батон» — длинная палка с колотушкой на конце. А Рыжий — ну, тут, наверное, не хватит слов, чтобы рассказать о всех вариантах образа Рыжего.

Но какими бы индивидуальными чертами ни отличался Рыжий, он всегда — плут, озорник, хитрец, даже немного жулик, всегда нарушитель порядка и устоев, любопытен, насмешлив, невоспитан. В Белом, с его великосветскими манерами, в ослепительно белом одеянии, белых чулках и туфлях на каблуках, зрители узнавали аристократа. А маска Рыжего имела более широкий диапазон — от буржуа до босяка в дырявых перчатках и истерзаннной, драной рубашке. В отношениях этой клоунской пары зрители с удовольствием угадывали отголоски классовой борьбы, охватившей Европу. Отношения их были социально точны. Белый чванлив и, в общем, беспомощен, его слово уже не закон. А Рыжий жизнерадостен, сообразителен, но сколько в нем было недостатков! Однако почему на протяжении ста лет костюм Белого почти не менялся? (Правда, к концу века некоторые клоуны, желая показать зрителям богатство своего гардероба, как примадонны, хвастались своими туалетами и имели уже не только белые сверкающие балахоны, но и расшитые, цветные и блестящие.)

Я думаю, что происхождение маски Белого имеет более глубокий подтекст, чем споры двух сословий. Если бы все исчерпывалось только конфликтом двух сословий, то почему бы аристократу не появляться во фраке, с хризантемой в петлице? Ведь мода значительно менялась на протяжении века.

Стоит присмотреться к гриму Белого: мертвенно бледное лицо, на котором выделяются лишь глаза, вернее, глазницы, подчеркнуты краской ноздри и одна бровь, кроваво-красный рот, никаких морщин, никаких красок жизни. К тому же Белый чаще всего был без волос, в «лысом» парике. Да это же просто череп, грим мертвеца в белом саване! Аристократический покойник... Очень высокопоставленный... Свисающая короткая мантия за плечами... Палка, похожая на скипетр. Смерть монархии — вот что было, пожалуй, зашифровано в этом образе. Монархии слабели и погибали в Европе. А если и сохранялись, то уже без прежней силы: в них проглядывала беспомощность, как в этом Белом.

Как это произошло? Какой-то художник вдруг нарисовал эскиз костюма или клоун придумал его и решился выйти впервые на арену в белом костюме и с белым, безжизненным лицом? Возможно, первый клоун, решившийся выйти в манеж в таком облике, наивно рассчитывал, что так просто будет лучше, наряднее. Но зрители увидели, вернее, угадали нечто большее, чем яркий и оригинальный клоунский фасончик. Что-то этот костюм им напоминал, вызывал какие-то неясные ассоциации... Словом, костюм произвел впечатление, его тотчас подхватили другие клоуны в разных странах. Его блеск и белизна воспринимались так естественно, как естествен был Рыжий. Дуэт продержался долго и начал стареть, когда сама сословная борьба утратила былую остроту и наступил XX век — с совсем другими проблемами. Бледнели и угасали диалоги Рыжих и Белых, их антре уже казались устаревшими, а привычка Белого, раньше веселившая зрителей, раздавать оплеухи и колотушки Рыжему по всякому поводу начала раздражать зрителей, вдруг заметивших, что это очень грубо.

Возможно, такая трактовка костюма и грима Белого покажется кому-то натянутой. А смена цвета костюма у Карандаша — простой случайностью, сумасбродством, капризом артиста. Но не стоит игнорировать тот факт, что «каприз» Карандаша имел место в середине пятидесятых годов...

Талантливые клоуны наделены обостренной художнической интуицией. Они как будто улавливают носящиеся в воздухе идеи. Клоун, порой не задумываясь над формулировками, воплощает эти идеи в образах клоунады.

В маске Карандаша в пятидесятых годах произошли изменения. Он стал более разговорчивым на арене. И номера этих лет построены не на единичных репликах и красноречивом молчании, а на диалогах. Придумывал их он уже не всегда сам, а обращался иногда к профессиональным литераторам. Кроме того, он начал работать с партнерами. Во всех этих изменениях видна сила и слабость клоуна. Сила — в том, что он почувствовал необходимость перемен в своей маске. А слабость в том, что не сумел языком реприз сказать главное об этом времени, как он это делал в предыдущий период. Он пошел по пути рассказа о мелких бытовых недостатках. Впрочем, упрекнуть его в этом нельзя. Клоуну трудно отказаться от самого себя, от своей маски, которая была порождением другого времени и сделала артиста знаменитым. Маска как человек, который, старея, становится мудрее, опытнее, но уже не мыслит и не чувствует так обостренно, как в молодости. Карандаш сам говорил о некоторых новых номерах: «Нет карандашовской точности». Неточность была прежде всего в том, что большинство номеров строились так, что в них он не был самим собой, Карандашом, а как бы играл чью-то роль: директора мебельной фабрики, аспиранта, защищающего диссертацию, продавца в магазине и т. д. Клоун менял головные уборы, подчеркивая, что это не он, Карандаш, а некто другой. Он хорошо ощущал, какие поступки его маске не свойственны.

Номера тех лет написаны фельетонным пером, на тему той самой злобы дня, которая раньше у клоуна была неглавной. В этих клоунадах не было ассоциативной наполненности, подтекста, философского содержания — всего того, что принесло ему славу. Известные клоунады тех лет — «Защита диссертации», «Очковтиратели и подхалимы», «Шкаф», «Магазин» и т. д.

В номере «Шкаф» Карандаш — директор мебельной фабрики демонстрирует шкаф, уродливый и кособокий, на него страшно смотреть, но зато фабрика выполняет план на триста процентов.

— Но ведь это же брак! — восклицает кто-то из «членов комиссии».

— Да, брак,— соглашается директор.

— Покупатели шкафы возвращают назад? И что вы с ними делаете дальше?

— А мы их чиним и снова пускаем в продажу,— с торжеством парирует директор.

В финале номера шкаф падал на директора и расплющивал его в лепешку (применялся трюк «подмена»).

В номере «Магазин» Карандаш изображал продавщицу, обвешивающую покупателей. Но плохой магазин — это не более чем плохой магазин, а плохой шкаф — это не более чем плохой шкаф. Естественно, подобные клоунады долго не удерживались в репертуаре.

Может быть, клоун стал стареть и этим объясняются его промахи? Вовсе нет. Сейчас мы знаем, что и много лет спустя клоун еще был в отличной актерской форме, а в пятидесятых — в расцвете сил. Он работал неутомимо и достиг виртуозного мастерства. В течение вечера он исполнял такое количество реприз и клоунад, что режиссеру оставалось только добавить несколько номеров, для того чтобы программа стала «полнометражной». Слава его достигла апогея. С конца тридцатых годов на протяжении тринадцати лет он был бессменным коверным Московского цирка, и фактически его искусство было достоянием москвичей и тех приезжих, которым удавалось попасть в цирк. В пятидесятые годы Карандаш беспрерывно гастролировал. И те, кто знал его понаслышке, смогли наконец его увидеть. Толпы зрителей осаждали кассы цирков. Достать билет «на Карандаша» считалось большой удачей, а его гастроли — событием в городе. Те промахи, которые мы сегодня анализируем, тогда были совершенно незаметны для зрителей. Напротив, эти номера воспринимались как самые актуальные.

Он был в расцвете сил, работал с огромной отдачей, но как будто чувствовал, как его время уходит из-под ног, и соглашался на незатейливые номера.

А ведь еще так недавно Карандаш мог явиться за час до спектакля и внезапно потребовать какие-нибудь предметы реквизита для репризы, которую он только что придумал. И когда директор, режиссер, узнав о предстоящем экспромте, с побелевшими лицами бежали по коридору («Что за репризу он собирается делать?»), он уже шел в манеж... Волнения были напрасными: никогда Карандаш не допускал ничего «лишнего», ни в репликах, ни в сюжетах, точно ощущал границу. Карандаш умел сказать своим зрителям все, что хотел, с помощью мимики, интонации, жеста.

В шестидесятые годы он выступал с очень изящными клоунадами («Тарелки-бутылки», «Фалды», «Вода»). И делал их мастерски. В репризах Карандаша всегда был точный, «стреляющий» финал — трюк или неожиданный комический поступок. Когда зрителю казалось, что реприза полностью завершена, Карандаш вдруг продолжал ее. Ну, например, реприза «Резолюции».

Клоун выходил на манеж с саночками, на которых лежала гора папок с бумагами.

— Карандаш, ты куда? — спрашивал инспектор манежа.

— Иду на склад получить сто граммов гвоздей.

— А это что? — интересовался инспектор, указывая на папки.

— А это — резолюции,— терпеливо объяснял Карандаш и уходил, с трудом волоча за собой саночки.

Зрители хохотали. Похоже, что на эти саночки были уложены не резолюции, а все написанные повести, пьесы, фельетоны, газетные статьи о бюрократизме. Короткая реприза как будто подводила им итог. Но реприза имела и второй поворот.

Карандаш с саночками плелся назад. Инспектор вновь любопытствовал:

— Ну что, получил гвозди?

— Нет.

— Почему?

— Одной подписи не хватило...

О клоуне часто говорили, что он делает репризы «из ничего», что он умеет «ничего не делать» на арене и приковывать к себе внимание зрительного зала ровно столько, сколько нужно для заполнения паузы. Карандаш умел из этих реприз, сотканных «из ничего», провести точную линию через представление и таким образом все свои выходы соединить в единый спектакль.

Вот один из примеров соединения реприз. Карандаш на каждом представлении выбирал себе кого-то из зрителей и делал его своим невольным партнером. Чаще всего это была какая-нибудь девушка, сидевшая в первом ряду, которая сильно смущалась под пристальным взглядом клоуна. Клоун разворачивал целую партитуру ухаживания. Он смотрел на нее, жестами и мимикой показывая публике свое восхищение; именно ей адресовал свои репризы, в конце каждой ожидал ее реакции; садился около нее на барьер; пока на арене шли другие номера, смущенно выглядывал из-за занавеса или украдкой посматривал на нее из-под полы своего пиджака; ради нее «заглаживал» складку на брюках или причесывался. Публика с удовольствием следила за перипетиями этой игры. Не знаю, какой вариант был интереснее: когда застенчивая девушка вдруг оказывалась в центре внимания всего зала (специально подсаженная в зрительный зал актриса не справилась бы с такой ролью лучше!) или когда очередная избранница клоуна изо всех сил старалась сохранить маску невозмутимости и делать вид, что все происходящее к ней никакого отношения не имеет.

Вообще один из лейтмотивов маски этого клоуна — попытка найти себе друга или партнера, оказаться в компании, где его будут считать «своим». Карандаш не входил в номера акробатов или жонглеров, для того чтобы неожиданно удивить своим акробатическим или жонглерским мастерством. Скорее, он появлялся внутри номера для того, чтобы не отстать от остальных. В номере «икарийцев», где участвовали дети, во время паузы строившиеся шеренгой, клоун становился последним, чтобы его тоже «приняли в игру». Но самый маленький из детей отталкивал его. Карандаш падал, толкал всю шеренгу, чтобы все-таки занять какое-то место, и все валились. В этот момент Карандаш хватал малыша на руки и убегал с ним за кулисы. Само собой, около занавеса его задерживали. С неохотой возвращая малыша, он показывал инспектору, что хочет взять всего одного, самого маленького, а их вон сколько еще осталось... Но инспектор просил его уйти, и номер продолжался. В его финале Карандаш, улучив момент, воровал малыша, соблазнив его морковкой. И чтобы никто ничего не заметил, хотел спрятать ребенка в мешке и утащить за кулисы. Но снова некстати подходил инспектор, и едва начавшаяся дружба прерывалась; мальчика уводили. Карандаш кричал: «Морковку! Морковку хоть отдай!»

Он оставался один, без мальчика, без морковки... И тут взгляд Карандаша падал на девушку — «свою» девушку, о которой он на несколько минут забыл. Вот кто будет его другом! Жестом он предлагал ей лезть в мешок. Девушка не соглашалась. Но еще не все потеряно: в кармане у клоуна большой красный помидор. Карандаш пытается соблазнить ее помидором. Но что поделаешь? Опять пришел инспектор и отвел Карандаша в сторону, очевидно недовольный его поведением. Клоун оглядывается, еще раз показывает девушке помидор,— может быть, она передумает?

В любом другом любовном сюжете должна была бы появиться алая роза или какой-нибудь другой цветочек. Но Карандаш — лирик эпохи, когда носить галстук и тем более дарить цветы было стыдно («Что я, жених, что ли?»), естественнее было достать из кармана горсть семечек: «Хочешь?..»

Дальше, во время исполнения других реприз, Карандаш еще несколько раз доставал украдкой из кармана помидор и показывал девушке, уже не очень-то надеясь на успех. Но жизнь есть жизнь, и вот Карандаш предлагает помидор уже другой девушке. Но и ей он не нужен. Карандаш возвращается к своей первой избраннице. Последний раз. Достает помидор, стоя на барьере, и вдруг, оступившись, падает. Помидор раздавлен...

Катастрофа... Он берет остатки раздавленного помидора, с которого капает сок, и бережно кладет его на барьер, напротив девушки, как если бы он положил свое разбитое сердце. Все. Надежд не осталось.

Униформисты незаметно убирают помидор. Играя следующую репризу, клоун замечает пропажу. Он не верит своим глазам. Он потрясен. Смотрит, остолбенев, то на девушку, то на барьер, где лежал помидор. Как?.. Неужели?.. Она не захотела взять целый сочный помидор, а потихоньку взяла раздавленный в кашу. (Еще один современный вариант сказки о принцессе и свинопасе.) Вот это да!.. Потрясением клоуна и заканчивается вся история о девушке и помидоре, соединившая тонкими штрихами в единое целое все выходы клоуна. Более того, она как бы стала маленьким спектаклем клоуна, и уже внутри него вписывались отдельные самостоятельные репризы.

Вот так звучала лирическая тема в репризах Карандаша.

Карандаша часто просили рассказать о каких-то подробностях его реприз, вспомнить, как он их придумывал. Особенно — о его «фирменных» репризах. Ну, например, о репризе, которую называли клоунской минипьесой в трех частях.

Карандаш выносил на арену стул, тарелку, молоток.

Первая часть.

Он ставил стул. На него — тарелку. Нет, кажется, стул немного качается. Надо что-то подложить под ножку. И он доставал из кармана газету и начинал методично ее рвать на полоски. Наконец осталась последняя, узкая полоска. И тогда он отрывал от нее малюсенький кусочек и подкладывал под ножку стула. Вот теперь стул стоит крепко. Он поднимал молоток, показывал, что это обыкновенный настоящий молоток, без подвохов. Стучал им о спинку стула. Потом клал молоток, снимал шляпу и раскланивался.

Вторая часть. Он показывал зрителям тарелку. Вертел ее со всех сторон. Стучал по ней пальцем. Тарелка тоже настоящая, фаянсовая. После этого клоун снова снимал шляпу и раскланивался...

Третья часть. Он старательно засучивал рукава. Брал в левую руку тарелку, а в правую — молоток. Секундная пауза. И изо всех сил ударял молотком по тарелке!..

Карандаш вспоминал:

«Тарелка вдребезги. Я показываю зрителям один из

черепков. Снимаю шляпу, с достоинством раскланиваюсь. И спокойно ухожу.

Смех всегда невообразимый. Как я придумал эту репризу — не знаю. Она появилась сама собой, молниеносно. Почему репризы получаются сразу или вообще не получаются — это почти необъяснимый процесс, понять который всегда стараются другие. Для меня важнее понять — почему смеются или почему не смеются.

Я знаю, что самым трудным для меня был номер «Случай в парке». Он делался годами. И до сих пор мне кажется, что что-то еще не доделано, что надо сделать как-то иначе. Начинаю думать... Музыка этой сценки звучит в ушах. Вальс в исполнении духового оркестра. Сначала была другая музыка. Потом я решил, что лучше вальс, и непременно духовой оркестр, старинный вальс. В парках уже давно не играют ни старинные вальсы, ни духовые оркестры...

С годами я перестал любить «реквизитные» номера. После «Случая в парке» у меня было много номеров с реквизитом. Тогда считали, что аттракцион непременно должен быть как-то солидно обставлен. А я был «аттракцион» и согласился. Но это не единственная причина, почему у меня стали появляться номера с большим количеством реквизита: шкафы, прилавки магазина, какие-то манекены. Все было достоверно и на злобу дня. Слишком достоверно. Лишь спустя годы я понял, что клоун должен подниматься над конкретностью быта, показывать бытовые ситуации более обобщенно, в свойственной ему манере. Ведь он — клоун, а не персонаж из сатирического журнала.

У меня появилась та легкость, свобода, когда мой герой может обходиться без всякого реквизита и все равно выразить то, что он хочет. И, например, реприза с тарелкой гораздо лучше выражает суть мышления клоуна, чем некоторые длинные номера, которые я раньше исполнял. Или, например, клоунада «Вода». Так получилось, что все последние годы я выступал с клоунадой «Вода»...»

Как ее ругали критики: «Не отвечает возросшим требованиям нашего зрителя»! Далась им эта «Вода». А зрители очень смеялись. Если «Воду» делать со вкусом, всегда будет смешно. Один клоун объясняет другому, как поймать мяч в воронку, а двое или трое других изо всех сил стараются в эту воронку сверху налить воду, чтобы клоун, который держит воронку над головой, был облит. Сюжет номера, конечно, не блещет выдумкой. Но почему так всегда смеются? Тут есть над чем подумать. Прошли годы, многие репризы из творческого запасника клоуна ушли навсегда, стали ненужными. А «Вода» осталась...

Карандаш считал так:

«Да потому, что за всей этой забавной беготней, опрокинутыми ведрами и корытами с водой, наполненным до краев стаканом, который я прячу от инспектора в карман брюк и он там опрокидывается — за всем этим есть проявление старых как мир пороков и человеческих недостатков — хитрости, жадности, приспособленчества, обмана.

С годами приходит мудрость. Теперь мне ясно, что фундамент клоунад должен быть очень прочным. Тогда им суждено долголетие, как бы легкомысленно и пестро ни выглядела вся постройка, возведенная на этом фундаменте...»

О репризах он размышлял с удовольствием. А его собственный герой, Карандаш, для него казался неизменным. Но иногда от него можно было услышать и такие монологи:

«Не люблю вспоминать события и годы. От этого как будто стареешь. Каждый день надо работать. К десяти утра я уже готов, чтобы ехать в цирк. В цирке для меня всегда рабочая обстановка. Днем много суеты. И, наконец, я сажусь гримироваться...

Мой персонаж. Постарел ли он? Это видят зрители. Я только знаю: если его принимают хорошо, значит, он еще современен. Я понимаю, что лучше всех меня принимают те, с кем у меня была общая молодость. Наверное, им приятно, что я еще работаю. Это придает им бодрости и уверенности в себе. А молодые? Они заново дают мне оценку, и их надо заново завоевывать, а это так трудно. У них свое представление о смехе и о том, что смешно.

Я стою за занавесом и, приоткрыв щелочку, смотрю на арену. Сейчас мой выход. Арена почти не видна. Ее загораживают от меня спины униформистов, они держат концы тросов для спуска гимнастов. Но я смотрю не на арену. Я смотрю на зрителей. Все они сейчас сидят, задрав головы вверх, где под куполом происходят последние эффектные вращения. Я рассматриваю зрителей. Я должен к ним примериться, хочу прочесть по их лицам — как они меня примут.

Знаю, что хорошо, что, как только я выйду, напряжение сойдет с их лиц, они начнут улыбаться. Я это знаю, но все-таки волнуюсь... каждый раз. Мне кажется, что в зрительном зале спрятано что-то непредвиденное, если я заранее не присмотрюсь. И еще надо выбрать кого-то в первом ряду, кто станет участником моих реприз.

Вот эта девушка на одиннадцатом месте, у нее очень выразительное лицо. Она будет просто замечательно смущаться, когда я сяду напротив нее на барьере и буду стараться понравиться ей... И вот этот дядя в очках — у него слишком серьезный вид, публике будет смешно, когда я вытащу его за руку на манеж...

Ага, вон во втором ряду сидит Олег Попов. Приехал с очередных гастролей. В антракте он обязательно ко мне зайдет... Я вдруг вспоминаю, как он зашел ко мне, приехав из первой поездки в Париж. Некоторое время тому назад он был моим младшим партнером, и вот — успех, ошеломляющий, огромный успех. Олег рассказывал об этом очень спокойно, сдержанно, чтобы я не подумал, что он хвастает. Но радость так и била из него, как он ни старался ее скрыть. Я поздравил его и улыбнулся про себя: мальчик еще не понимал, что успех пришел сравнительно легко, но самое трудное только начнется сколько-то времени спустя, когда надо будет его удержать... Мы говорили, а под дверью моей гардеробной все время грохотало: бам! бам! бам! Это падали об пол булавы. Мне сказали, что это студент училища Леонид Енгибаров, будущий клоун. Каждый вечер вот так по нескольку часов бросал булавы. У него было странное лицо, и мне трудно было представить себе знаменитого клоуна с таким лицом. Но тружеником он был несомненно. Конечно, это действовало на нервы, когда под дверью весь вечер стучат, но я ему никогда ничего не говорил. Пусть трудится... Олег закончил визит вежливости и убежал. Мы не так часто с ним встречались в последние годы. Но я замечал, как меняется его отношение ко мне. Я чувствовал все большее его уважение, я бы даже сказал — почтительность. Я понял: он повзрослел, и ему уже приходится трудно. В последние годы я даже замечал какое-то изумление в его глазах, когда он видел, как я выхожу, говорю: «О, вот и я!» — поднимаю руки, и в зале начинается овация...

Я смотрю на лица зрителей из-за занавеса и примериваюсь к ним. Какие они сегодня? Занавес раздвигают, и я иду, привычно шаркая ногами.

Сейчас мой выход...»

Но маска клоуна рано или поздно стареет. Сначала клоун ощущает, что зрители не смеются, как прежде. Репризы те же, те же аплодисменты. Но что-то неуловимо изменилось. Зрителям кажется, что их любимец что-то делает не так, что он повторяется. А это стареет его маска, и она допускает неточности. И конечно, одновременно с ней стареют какие-то театральные спектакли, фильмы, которые еще вчера были так актуальны. Сегодня они кажутся скучноватыми или даже немножко смешными. Арена, экран, сцена нуждаются в обновлении. Хотя несовременность театрального спектакля не так заметно бросается в глаза, как несовременность клоуна. Игра известных актеров, выдумка режиссера, как умелая косметика, помогают некоторое время скрывать процесс старения. А клоун один, у него есть только его репризы. Они как раз и выдают его с головой. Здесь все видно сразу. Я бы сказала, что по маске клоуна-премьера, точно выразившей какой-то отрезок времени, легко ориентироваться. Она как камертон, определяющий фальшь и несовременность в искусстве.

Маска клоуна — камертон для художников, работающих в других видах искусства?! Не слишком ли сильно сказано? И вообще, зачем делать из клоуна пророка, когда все гораздо проще и речь идет о популярном искусстве. Нет, клоун не пророк. И даже не самая интеллектуальная фигура в искусстве. Но зато самая непосредственная. И если зрители от души хохочут, видя своего любимца на арене — у маски еще есть время в запасе. Но как только зритель подумает: «Да, это я уже не раз видел, это уже не ново», значит, на арене вот-вот появится новый комический персонаж. И новые выразители времени в разных видах искусства.

ОЛЕГ ПОПОВ

КЛОУН-УЛЫБКА

Как только у популярного клоуна начинает недоставать каких-то красок, его ошибками, неточностями моментально пользуется другой клоун. Так случилось и на этот раз. В середине пятидесятых годов то, что не было трансформировано клоунской маской Карандаша, то, что ускользало от него, сделал другой: на арену вышел и стал знаменит Олег Попов.

Варшава, 1956 год. Первый международный фестиваль циркового искусства. Олег Попов получает две золотые медали лауреата за свой номер на проволоке и за клоунаду.

Брюссель, 1 февраля 1956 года. Премьера труппы советского цирка. Успех, несомненный успех. После спектакля королева Елизавета поздравила Попова: «Ваше мастерство замечательно...»

Огромные очереди за билетами, толпы любителей автографов одолевают артистический вход в цирк и в отель. Журналисты, — они сопровождают чуть не каждый шаг артиста. Это «человечный комик», называют они его...

Париж... Снова толпы любителей цирка. И весь самоуверенный и всезнающий Париж стоит в очереди за билетами в цирк, но билетов нет. Овации начиная с первых номеров. Десятки людей добиваются встречи с ним во время антракта. Знакомства, — но какие знакомства! Морис Шевалье, Ахилл Заватта, Жан Марэ, Рене Клер, Боб Хоуп... Актеры, писатели, политические деятели. Этих людей, некоторых из них, Попов раньше видел только в кино. Теперь они ему, ему аплодируют, поздравляют, улыбаются...

«Посмотрите на него! Его костюм похож на русский кафтан, его волосы прямые, как шомпол, его кепка напоминает кепку русского беспризорника. Его фамилия, Попов, так же распространена в России, как фамилия Дюран — во Франции. Всем, абсолютно всем он подчеркивает свою связь с простыми людьми — этим неисчерпаемым источником всякого живого творчества. Его экстраординарные способности к пародированию позволяют утверждать, что Попов окончил консерваторию смеха... Он смешит всегда, даже в ходе серьезного и трудного трюка. Но смех, который он вызывает,— это не глупый смех, ибо во всем, что он делает, заложен глубокий смысл...».

Олег Попов на репетиции спектакля Марселя Марсо. Французский мим приглашает его прямо на сцену, чтобы познакомиться...

Прощальный вечер Жозефины Бекер. Она покидала сцену. Только самые крупные звезды были удостоены чести приветствовать ее. Олег Попов был приглашен. Он показал на сцене «Олимпии» свой номер на проволоке. А в конце, спрыгнув, подошел к Жозефине, достал из-под пиджака красное бархатное сердце и положил к ее ногам...

— Месье Попов, как вам понравился Париж?.. А парижане?..

Двадцать дней в Лондоне. Бой за билеты, у касс усиленные наряды полиции. Билеты перепродают в пять раз дороже стоимости. Импресарио в отчаянии: кто бы предположил! Срок гастролей мог быть в четыре раза дольше. Лондон бы выдержал. Но контракт изменить нельзя.

— Мистер Попов, как вам нравится лондонская публика?.. А Лондон?..

1957 год. Москва. Олег Попов — лауреат VI Всемирного фестиваля молодежи и студентов.

В этом же году он снова приехал в Париж. На Международный фестиваль мюзик-холла. Он выступил с блеском, подготовив номер на десять-двенадцать минут — композицию из своей «проволоки» и известных реприз.

1958 год, снова Брюссель. Всемирная выставка. Олег Попов получает премию «Оскар» как лучший цирковой актер года.

Москва счастлива приветствовать и видеть свою молодую знаменитость.

1959 год. Премьера в Гамбурге, потом в Кёльне, Штутгарте. Премьера в Голландии.

1960 год — Франция. Совместные выступления с Ахиллом Заваттой, лучшим клоуном Парижа.

ГДР... Голландия... Канада... Куба... США...

Он — заслуженный артист РСФСР... народный артист РСФСР... народный артист СССР!

Фантастическая карьера!.. В эти годы у нас открылись новые научно-исследовательские институты, театры, зазвучали голоса молодой плеяды поэтов и писателей, активно заявили о себе новые актеры и режиссеры. Они удивляли и покоряли своей свежестью, совсем иной степенью откровенности, чем это было до сих пор. Быть самим собой, быть искренним — стало главной мыслью многих произведений.

Процесс обновления коснулся и арены. Изменился стиль программ и представлений, ушла торжественность и медлительность, темп стал нарастать. Традиционные три отделения программы отныне были заменены компактными двумя. Об аппаратуре и реквизите я уже говорила. Менялась манера исполнения номеров. И наконец, появился новый комический персонаж: молодой человек, улыбающийся, доброжелательный, искренне расположенный к зрителю,— Олег Попов.

Клоунское детство Олега Попова началось с мировой славы. Он окончил Государственное училище циркового искусства эквилибристом на свободной проволоке. Его легкий, эксцентрический номер вызывал симпатии зрителей. Клоуном он вышел на арену быстрее и неожиданнее, чем мог предположить. У Олега Попова был свой «счастливый случай», который он не упустил. Заболел коверный, Попова попросили его заменить на несколько дней. Он согласился. И несмотря на все накладки и неподготовленность этого дебюта, в тот же вечер выяснилось, что именно такой комический персонаж будет воспринят публикой, что он может быть клоуном.

Наши зрители едва успели с ним познакомиться, а клоун еще не успел завоевать их любовь, когда Управление цирков приняло решение: в гастрольную поездку советского цирка в Западную Европу в 1956 году послать именно его. Олег Попов вместе с программой выступил в Бельгии, Франции, Англии. Прошел с успехом. Его стали называть «солнечным клоуном». После этого москвичи знакомились с ним уже как с клоуном, признанным в лучших европейских цирках. Он стал мгновенно знаменит. Олег Попов улыбался с теле- и киноэкранов, обложек иллюстрированных журналов, с афиш, открыток, прилавков магазинов игрушек. Казалось, слава пришла к нему так же легко, как легко он прогуливался по проволоке, помахивая тросточкой. В одном из фильмов его так и сняли — прогуливающимся по проволоке на фоне Лондона, Парижа, Брюсселя, Нью-Йорка.

В космосе крутили витки первые советские спутники. Советские фильмы удостаивались высших наград на международных фестивалях. Наши актеры и музыканты начали триумфальные гастроли по странам. Наших ученых, художников и артистов принимали восторженно. И все, кто смотрел советские спектакли или концерты, знакомились не только с произведениями искусства, но и стремились удовлетворить свое любопытство: какие они, русские?

Русский клоун в какой-то степени удовлетворял жажду выяснить, что такое современный русский человек. В нем было то, что соответствовало сложившимся представлениям, и то, что приятно удивляло. Льняные волосы, голубоглазое и румяное лицо — лицо Иванушки из сказки. Но при этом — черный бархатный пиджак, черные в полоску брюки, белая рубашка под красным жилетом, галстук-бабочка и большая клетчатая кепка. Его костюм настолько соответствовал линиям тогдашней моды, что сам породил микро-моду: и лондонские модники с удовольствием нарядились в кепки, носки и пиджаки «а-ля Олег Попов». Словом, костюм и весь внешний облик чрезвычайно помогли установить контакт со зрителями.

Не какие-то сногсшибательные трюки или сами репризы поражали зрителей. Впечатление производил он сам. Попов опровергал существовавшее мнение о необщительности и скованности русских. Естественность его поведения и доброжелательность вызывали ответную теплоту. Он готов был найти общий язык с любой аудиторией. Улыбался открыто и искренне. И эта улыбка сразу нравилась.

«На дорожке от выхода появляется Олег Попов. Он еще ничего не сказал, ничего не сделал. Он только едва взглянул на присутствующих и улыбнулся. И уже... смешок прошел по амфитеатру, и каждый почувствовал себя свободно и легко. Прелесть этого артиста в том, что он сразу вызывает такую реакцию. Часто случается видеть, как клоуны напрасно изощряются, для того чтобы вызвать улыбку зрителей. Ничего подобного нет у Попова. Юмор — его природа. Полный жизни, веселости, естественности, он увлекает нас в сверкающий мир Юмора... Этот молодой человек почти обыкновенный, только с некоторой склонностью к эксцентризму, огромным юмором и порядочной долей хитрости. После выступления акробатов в его глазах зажигается хитрый огонек: «А если я сам попробую?» И вот он уже лезет на проволоку, которая танцует под ним...» — так писала парижская пресса после премьеры.

Это было описание его коронного номера. Первые шаги на свободной проволоке он делал неуверенно. Казалось, вот-вот упадет. Нелепо взмахивал руками, в поисках равновесия старался ухватиться за что-нибудь тросточкой. Потом выяснял, что лучше всего держаться за собственную шею. Пугаясь каждого шага, он тросточкой подтягивал одну ногу к другой. Но постепенно движения становились свободнее, увереннее. И под конец, стоя на одной ноге, он жонглировал несколькими кольцами.

Его улыбка, профессиональное мастерство эквилибриста — и вот зрители уже в плену. К тому первому выходу достаточно было добавить еще две-три репризы — и зрители уходили очарованные. Но главным, конечно, был этот номер.

По-своему Олег Попов участвовал в великой миссии — найти взаимопонимание между людьми всего мира, найти друзей, наладить творческие контакты.

Наш цирк в течение долгих лет не выезжал на гастроли. Во многих европейских цирках клоуны действительно только развлекали, как-то заполняли паузы между номерами, ради которых пришли зрители. А тут клоун — душа всего представления, самый главный, самый интересный. Это было неожиданно и ново. Когда через год в Париже и в Риме гастролировал Карандаш, то западным зрителям стало ясно, что Попов не единственный в своем роде феномен. Европейцы начали знакомиться с совершенно новой для них школой клоунады. И хорошо, что это знакомство началось именно с Олега Попова. Его маска гармонировала с общим настроением гастролей, новыми отношениями и контактами.

И нашей арене такой клоун был необходим. Успехи

в космосе, творческий подъем искусства, демократические преобразования поддерживали праздничное, приподнятое настроение. Клоун-улыбка, весенний, праздничный — он был воплощением этого настроения. Легкость, с которой Попов все проделывал: ходил на проволоке, жонглировал ножами, поварешками, картошками (они так и летали вокруг него!),— в ней было что-то завораживающее. Он двигался в ритме современной эстрадной мелодии.

Реприза «Повар» была основной после номера на проволоке. Клоун выходил в поварском колпаке, танцующей походкой, нагруженный кастрюльками, ложками, мисками. Он крутил на пальце миски, жонглировал кастрюлями так, чтобы одна попадала в другую, подкидывал вилки и картофелину, и картофелина накалывалась на вилки; жонглировал яблоком, откусывая от него кусочек за кусочком, пока не оставался маленький огрызок, отбрасывал его — и танцующей походкой уходил.

Вторая из его известных реприз — «Саксофон». Клоун выходил с саксофоном в руках, собирался играть. Но, как в таких случаях происходит с клоунами, что-нибудь непременно мешает. На этот раз начинал вращаться мундштук. Попов удивлен, раздражен, в сердцах прикусывает его и... обнаруживает, что это вкусно. Вкусно потому, что это настоящая морковка. И он с хрустом съедает ее. Потом достает стаканчик, наливает в него из раструба саксофона и пьет. Все. Концерт окончен.

Постепенно к этим трем удачным выходам Попов добавлял еще репризы. Он умел остроумно пародировать цирковые номера. Например, после номера эквилибристов на перше он тоже выходил с першем, на котором вместо партнерши стояла кукла. Артист проделывал все эскапады эквилибриста, с полной серьезностью относясь к своей «партнерше».

Еще пародия на эквилибристов. На этот раз на перше вместо куклы сидит живой петух. Попов балансирует перш на лбу. И в самый торжественный момент трюка сверху падает и разбивается о его лоб яйцо.

Словом, основные репризы Олега Попова были пародиями на цирковые номера: на эквилибристов, жонглеров, эксцентриков...

Похоже, что клоун посмеивается над цирком вообще. И в этом его суть? Нет, не совсем так. В кинематографе комическая фигура действует в соответствии с сюжетом, она смешна в рамках этого сюжета. А в цирке? В цирке комическим сюжетом является сам клоун. И все зависит от позиции, взглядов и вкуса, от творческой сути клоуна. Конечно, если сюжет — это совокупность действий, событий, поступков, раскрывающих главную мысль произведения, то в традиционном цирковом представлении комический сюжет таков, каков клоун. Если клоуном будет Олег Попов, то все его репризы составят сюжет об удачливом, веселом человеке, приспособленном к сегодняшней жизни. Она для него проста и радостна, из любой переделки он находит для себя остроумный выход.

А вот Леонид Енгибаров — это уже совсем другой сюжет. Он появляется на арене, чтобы рассказать о человеке, для которого незначительное событие, нарушившее его представление о справедливости, становится поводом для глубоких размышлений о жизни и для серьезных поступков. Брошенный цветок, через который просто перешагнул бы герой Попова, заставляет Енгибарова прибегнуть к решительным действиям, проявить свое человеческое «я»...

В пародиях Олега Попова не было драматического напряжения, как, скажем, в репризе «Бокс» Енгибарова; не было полной сюжетной развернутости, как в «Розах и шипах» Никулина и Шуйдина; не было ассоциативной наполненности номеров Карандаша. А современный зритель привык искать эту ассоциативную наполненность и написанное или увиденное дополнять информацией, которой уже располагал. Саксофон с морковкой, петух, сбрасывающий яйцо,— это могло бы стать только трюком внутри репризы, а не ее сутью (как сложный эквилибр на пяти катушках был только трюком у Енгибарова в репризе «Медали»). Но виртуозность, лукавая улыбка клоуна, говорящая: «Мне самому смешны мои шутки»,— они все компенсировали. Зрители не сравнивали, не анализировали, они просто попадали под обаяние улыбки и молодости артиста.

У него были и другие короткие репризы.

Например, такая.

Попов изображал, что ему вдруг стало дурно.

— Дайте воды! — просил он.

Подавали стакан воды. Но он отказывался и говорил:

— Не надо. Лучше пива...

Или такая.

Клоун выходил с кастрюлей в руке.

— Это кастрюля-чудо,— объяснял он.

— А что в ней чудесного? — спрашивал инспектор.

— Когда в ней варится обед, то из мясного бульона получается постный.

— Как — постный? А куда девается мясо?

— В этом и есть чудо,— говорил Олег.— Куда оно девается, а?..

Такие репризы недолго сохранялись в репертуаре.

Вместо них появлялись другие короткие сценки. Некоторые клоун придумывал во время зарубежных гастролей.

...Олег выходил с собакой на поводке.

— Откуда ты, Олег? — спрашивал инспектор.

— Из цирка, иду погулять с собакой.

— Имей в виду, в Гамбурге большое уличное движение.

— Мне это не страшно.

— А собаке?

— Собаке тоже. На нее не наедет машина.

— Почему?

Олег вынимал из кармана клаксон, нажимал на него, и, когда раздавался автомобильный гудок, на собачьем заду тотчас зажигались два красных автомобильных стоп-сигнала...

Подобная сценка могла иметь успех только тогда, когда зритель уже хорошо познакомился с клоуном,— после реприз, сделавших его знаменитым Олегом Поповым.

Артист чувствовал, что даже такие репризы, как «Повар» или «Саксофон», довольно быстро исчерпываются зрителями, и очень энергично искал новый репертуар. Часто он обращался к знакомым репризам и сюжетам и перелицовывал их на себя. На чей-то сюжет он умел наращивать детали. Например, использовал трюк Чаплина с проглоченным свистком и на его основе сочинил законченную репризу. Так же поступил и с известным клоунским номером с разваливающимся на ходу автомобилем.

Клоуны спешат на вокзал провожать уезжающую тетю. Они сидят в смешной клоунской машине, которая то едет, то не едет, чихает, стреляет, у нее отваливается дверца, потом части кузова. Вся компания всякий раз вылезает из машины, пытается исправить неполадки.

Затем снова садится — и снова приходится вылезать. В конце концов машина внезапно срывается с места, клоуны вскакивают в нее на ходу и уезжают все, кроме тети, вывалившейся из машины и бегущей за ней следом...

Попов внес много выдумки в разработку конструкции самой машины и в композицию номера.

По-моему, лучшим номером, появившимся спустя несколько лет после дебюта, был «Солнечный лучик». Выглядел он так. На затемненную арену светил луч. Клоун выходил с корзиночкой в руке. Располагался на арене, чтобы позавтракать, доставал из корзинки кефир, булку. Нет, пожалуй, лучше пересесть туда, где греет луч. И садится на освещенное место. Только собрался поесть — луч сдвинулся в сторону. Пересаживался и клоун. Снова устроился, открыл бутылку кефира — и луч передвинулся. Клоун следовал за лучом. Пересаживался, старался поймать его, удержать, «закрепить». И вот луч остановился, замер. Клоун наспех съедал свой завтрак, на ощупь рукой проверяя, на месте ли луч. Еще недолго сидел, грелся. Но пора уходить. Жалко, очень жалко оставлять теплый луч. И он сообразил, что сделать: осторожно сгребал луч руками, делая его все меньше и меньше, и, когда тот становился совсем маленьким, «пересаживал» его в свою корзинку и уносил...

До Попова похожий номер исполнял кто-то из французских клоунов (возможно, что и тот не был автором). Но французский актер выступал в образе безработного. Человек в потрепанном пальто, которому надо хоть немного тепла, чтобы согреться, не мог расстаться с живительным лучом, бережно его собирал и уносил, чтобы он его согревал в этой нелегкой жизни.

Попов заимствовал сюжет, но придал ему более широкое и тонкое толкование. Сам он веселый клоун, благополучный, и потому его вариант репризы прозвучал иначе: каждый имеет право на солнце и на место под солнцем. В те годы в произведениях искусства часто повторялась мысль, что человек имеет право на счастье, и потому такая трактовка, несмотря на некоторую сентиментальность, нравилась публике.

Я думаю, что эта неоднозначная реприза Олега Попова была лучшей в его репертуаре.

Конечно, каждый зритель по-своему воспринимает репризы.

Но и каждый клоун по-своему играет один и тот же сюжет. Смысл репризы впрямую зависит от маски клоуна. Маска может придать сюжету конкретное, мимолетное решение или углубить его до уровня проблемы. Словом, сюжет зависит от того, кто его исполняет — Попов, Андрей Николаев, Анатолий Марчевский или Евгений Май. У зрителя представления о маске клоуна и самом артисте как бы слиты воедино. И зритель знает, что, какие бы события ни разыгрались на манеже, центром этих событий все равно будет маска. Зритель полюбил маску Попова и шел на нее в цирк. Он поверил в нее.

И дальнейшая судьба маски зависела от самого клоуна.

Специфика цирка, как представляется, не исключает его обращения к любым темам. Цирк — искусство, и потому любую тему можно реализовать, если найти угол зрения, поворот темы, правильно выбрать средства выразительности.

Однако в искусстве цирка есть качество, отличающее его от других видов искусства. Цирк, во всяком случае жанр клоунады, не может опередить время. Клоунада — это искусство пародийное, высмеивающее действительность. Цирк дает пародийную картину сегодняшнего дня. Люди смеются над тем, что они переживают сегодня. Клоуну надо рассказать и сыграть то, что смешно сразу, в ту же минуту.

Лучшие клоунады живут долго потому, что в них ставятся кардинальные вопросы — добра и зла, красоты и уродства,— говорится о вечных человеческих пороках и недостатках, о глупости и хитрости, простодушии и наивности — словом, речь идет о природе человека и его отношениях с обществом. Но здесь эти вечные вопросы рассматриваются в очень лаконичных и сжатых формах.

Улыбающийся Олег Попов смотрел на нас с сотен афиш, газет, журналов. Но улыбка, став маской, уже не могла оставаться просто улыбкой. По законам циркового искусства эта маска, я подчеркиваю — маска, должна была вступить в конфликт с теми жизненными обстоятельствами, в какие попадал клоун, в конфликт с вечными или конкретными проблемами жизни.

В предисловии к книге «Графика Пикассо» Илья Эренбург писал: «По глубокому убеждению Пикассо, художник не имитирует зримый мир, его произведения — плод нового сознания и новых эмоций. Нельзя отделить Пикассо от теории относительности, от квантов, от астрофизики, от кибернетики, от того мира, в который вступил наш век».

Но то, что сказал Эренбург, касается не только Пикассо. Это касается каждого художника. Это касается и клоуна, его маски, коль скоро она является самостоятельным комедийным сюжетом, который находится в постоянном движении, в постоянном обновлении. Иначе она рискует быть неузнанной, потерять ту индивидуальность, без которой клоуна в природе цирка быть не может.

В «Солнечном лучике» была почва для творческого совершенствования клоунской маски, реприза могла послужить ключом для создания нового репертуара клоуна, психологически более глубоких клоунад. И вот тут, по-моему, Попов допустил ошибку, сделал те самые «faux pas» (неверные шаги), о которых говорил Гете: «Вообще, берегитесь разбрасывания и сосредоточьте свои силы. Правда, талант думает, что он тоже может делать все то, что на его глазах делают другие, но это не так. И ему приходится раскаиваться в своих «faux pas».

Понимая, сколь сложен и подчас мучителен творческий процесс, мы заранее прощаем ошибки, как будто не видим их, отдавая должное только затраченным усилиям. А в цирке, как нигде, ревниво оберегают ореол славы его звезд.

И все-таки эти «faux pas» Попов сделал...

Начал он свою карьеру как соло-клоун, строил репризы на мимических паузах, улыбке, в ритме эстрадного танца. Но вдруг в манеже он заговорил — довольно многословно, как этого потребовали номера фельетонного плана. При этом искусством интонации он владел далеко не совершенно. Попов окружил себя несколькими партнерами, как в трудные для себя годы делал Карандаш. Он прибегнул к помощи литераторов,— им, как правило, проще было писать диалоги, комический смысл которых заключался в тексте. Клоунская маска учитывалась при этом далеко не полностью.

О своем номере «О вреде табака» сам Попов отозвался так: «Творчество Аркадия Райкина натолкнуло меня на мысль использовать средства эстрады для обогащения циркового образа. В этом ключе я и работал над интермедией «О вреде табака».

В основе сценки лежит монолог. Я выступаю как лектор. Казалось бы, перед нами явление эстрадного порядка, но это не так. Изменяя своему обычному облику, я выхожу на манеж в очках, с усами и в парике. Из огромного портфеля извлекаю кипу бумаг и графин с водой, как бы подчеркивая, что для халтурщика-лектора одинаковое значение имеют и текст и вода. Перед началом лекции происходит такой диалог:

«Лектор. Скажите, это и есть весь ваш коллектив?

Один из двоих слушателей. Да, весь.

Лектор. Сегодня вас многовато».

Я наливаю из графина в стакан воду, чтобы пополоскать его. Но вылить воду некуда, и я, махнув рукой, выпиваю ее. После этого я приступаю к лекции: «Посмотрите, товарищи, на рентгеновские снимки курящего и некурящего человека. Как видите, у курящего в легких темно, а у некурящего светло. Это значит, что у курящего в легких ночь, а у некурящего день. Разрешите ваши аплодисменты считать за одобрение. Вопросы есть? Нет вопросов. Лекция окончена».

Этот номер оставался бы типично эстрадным, если бы не трюк. Один из слушателей непрерывно икает, а углубленный в свои мысли лектор предлагает стакан воды другому слушателю, думая, что икает именно он. Эта путаница приводит к тому, что несчастный слушатель, который сначала покорно пил стакан за стаканом, не выдержав, убегает. И когда виновник нарушений порядка икает снова, взбешенный лектор окатывает его из брандспойта...»

Здесь халтурная лекция была более бледной краской, чем неприличное поведение слушателей. Был человек, который икал, и другой, который вместо него пил воду. И был третий — он не того, кого следовало, поил водой. В центре внимания был Яков Шехтман. Когда-то он выступал в жанре «человек-фонтан» и умел выпить сразу неограниченное количество воды. Это казалось самым интересным в «лекции».

Когда клоун перестает смеяться над человеческими пороками и слабостями, а высмеивает хромого, глухого или бесконечно икающего, это плохой симптом. Так случилось в последние годы с Виталием Лазаренко, когда героями его интермедий стали глухие старушки или косноязычные старички и диалог шел по принципу «испорченного телефона», где один партнер перевирал реплики другого.

Многократно показав свои первые, лучшие репризы, в начале шестидесятых годов Олег Попов начал стремительно менять репертуар. От него ждали нового, и он это новое показывал. Хотя в творческом отношении смена программ не всегда себя оправдывала. Это не значит, что новые работы клоуна готовились наспех, небрежно. Он все делал основательно, тщательно. Легкость Попова на арене сопровождалась невероятным трудом за кулисами. Предметы реквизита он по-прежнему стремился делать сам, чтобы буквально ощутить будущие номера делом рук своих. Цирковой жокей, прежде чем прыгать на скачущую лошадь, обязательно чуть коснется ее, когда она пробегает мимо, чтобы рукой взять «темп». И уже потом бросается наперерез ей и вскакивает на круп. И как бы хорошо он ни знал шаг своей лошади, как бы ни был наметан его глаз, он доверяет, скорее, ощущению своей руки. Так и клоуны. Больше того, Попов мог часами что-то строгать или пилить, еще точно не зная, понадобится ли данный предмет, и только потом вдруг, как озарение, увидеть всю репризу.

Попов начал выступать в спектаклях. Наиболее известный из них — «Лечение смехом», где клоун играл роль Врача. Эта роль почти не связана с клоунским характером Попова, с его маской, ее мог сыграть и другой профессиональный клоун. Но публика шла посмотреть на Олега Попова.

К врачу на прием приходит больной, просит бюллетень. Больной не внушает врачу доверия.

— Дыхните,— просит врач и подносит горящую лучинку к лицу больного.

Больной «дыхнул» — и изо рта его вырывается столб пламени. Успех репризы был обусловлен тем, что роль алкоголика играл все тот же Яков Шехтман, умевший пить литрами не только воду, но и керосин. В нужный момент он выбрасывал изо рта струю керосина, и огненный фонтан взлетал над манежем. Это было неожиданно и смешно.

Еще одна реприза, автором которой был сам Олег Попов, вошла в этот спектакль.

Мне кажется, что это вообще одна из лучших его злободневных реприз.

...Два клоуна вносят на манеж «утопленника». Срочно нужен врач. И врач приходил. Небрежно, ногой переворачивал пострадавшего, наступал на его живот —

изо рта утопленника бил фонтан воды, как у кита. Врач снова поворачивал его на живот и громадным шприцем делал укол. Пострадавший оживал. Наступал черед формальной стороны дела.

— Паспорт! — кричал врач.

Пострадавший вынимал из пиджака паспорт. Врач листал его и приказывал санитарам:

— Бросьте обратно в воду!

— Почему?

— Он не моего участка,— отвечал эскулап и уходил...

И все-таки опять в центре внимания здесь была не маска Олега Попова, не ее отношение к происходящему, а пострадавший и его великолепный фонтан воды (Яков Шехтман!).

Каждая из реприз спектакля была вполне приемлемой или даже очень хорошей. Но все вместе оставляло впечатление некоторой незаполненности, как будто вы не увидели того, чего ожидали.

Не хватало маски клоуна.

Попов это почувствовал, отказался от данной работы и с энтузиазмом принялся за новую.

«До сих пор, хотя со дня нашего знакомства уже прошло много времени, меня поражает творческая неутомимость Попова, его неуемная жажда трудиться. Это не просто работоспособность физически сильного человека. Попов беспрестанно изобретает что-то новое, ищет в репризах неожиданные, оригинальные ходы, или «точки», как мы их называем. У бывшего слесаря золотые руки: он сам строгает, сверлит, клеит, паяет. По его убеждению, никто другой не сможет сделать реквизит так хорошо, как сам исполнитель. Подобно Карандашу, Попов относится к реквизиту как к своему партнеру.

Обычно, когда мы встречаемся, у нас возникают обсуждения и споры, из которых нередко рождаются репризы или новые комические трюки. У Попова очень развита профессиональная интуиция, умение фантазировать в нужном направлении...» — так писал о своей работе с клоуном режиссер Марк Местечкин.

У Карандаша в свое время было много фундаментальных реприз, четко выражавших суть его маски — и это помогло ему сравнительно быстро выбраться из кризиса. У Попова такого фундамента еще не было, а время торопило, и ему приходилось, исполняя новые, в основном злободневные репризы, все чаще игнорировать собственную маску.

Появление всех этих фельетонных реприз, спектаклей, сменяющих друг друга, было не только щедрым проявлением фантазии и таланта клоуна в период успеха, но и следствием интуитивного ощущения недостаточности собственной палитры. Другие художники, не клоуны, могут в такой период «помолчать», накопить силы для нового подъема. А клоун в цирке продолжает работать, по тридцать-сорок спектаклей в месяц, и ему во что бы то ни стало надо, чтобы зрители смеялись. Его незаменимость в программе не дает возможности отойти, спокойно поразмышлять. Зрители ждут, хотят снова и снова видеть своего любимца. И ему ничего не удается скрыть.

В сущности, это довольно драматично: клоун, как правило, одинок в своих поисках. Целый штат авторов, режиссеров и советчиков подчас бессилен оказать ему реальную помощь. В основном помощники бывают озабочены поиском эффектных реприз, а не совершенствованием его маски. Олег Попов был неопытен, когда дебютировал. И обаяние его молодости подчас принимали за мастерство. Его застенчивость, искреннее желание понравиться казались чертами его юного персонажа. Теперь, когда он научился владеть публикой, умело вести спектакль, приобрел опыт,— его маска начинала переживать кризис. Известность Попова открывала перед ним лучшие арены мира, профессионализм его рос, он — мастер высшего класса. А маска не повзрослела и лишь поверхностно откликалась на злобу дня, участвовала в забавных проделках.

Зритель может ошибаться в признании или непризнании писателя или композитора. У него может не хватать знаний или культуры, и тогда он всю жизнь так и не увидит в полотнах Сезанна того, что создал «гениальный упрямец». Но этот же самый зритель никогда не ошибается в оценке маски клоуна. Потому что между клоуном арены и зрителем существует неуловимый контакт современников.

Когда клоун ощущает, может быть даже не сознаваясь в этом самому себе, что зрители стали холоднее воспринимать его репризы — это клоун кожей чувствует,— он невольно начинает торопиться, не выдерживает прежние мимические паузы, в выступлениях его начинает проглядывать суетливость и скомканность, он сам перестает получать удовольствие от своих реприз и спешит поскорее закончить их и уйти.

В репризе «Солнечный лучик» спустя несколько лет после ее премьеры заметно ускорился ритм. И это сместило все акценты. Когда-то персонаж Попова очень бережно собирал луч ладонями, осторожно пересаживал его в корзинку и, улыбаясь, уходил. Теперь это был совсем иной человек — лучик он сгребал и поспешно с ним удалялся.

В искусстве шестидесятых годов началось драматическое осмысление событий войны и предшествовавших ей лет. Такая трагедия, как вторая мировая война, потрясла все человечество. Взрыв в искусстве наступил после многочисленных попыток осмыслить эту трагедию в границах прежних драматургических схем, ритмов, сюжетов. Художники убедились в том, что чудовищная реальность войны требует совсем иных сочетаний — в красках, в музыке, в словах... У театральных касс стояли очереди: все стремились увидеть спектакли, совершенно непохожие на вчерашние. Кинематограф выпускал ленты, рассказывающие о времени трагически просто и искренне, с болью за судьбу людей — зрители по-новому переживали происшедшее. Герои фильмов «Летят журавли», «Баллада о солдате», «Чистое небо», «Судьба человека», «Иваново детство», «Дело Румянцева», «Дорогой мой человек» воплощали тот нравственный идеал, к которому тянулось молодое поколение. Эти произведения, пронизанные болью за все, что пришлось пережить людям, были пронизаны верой в человечность, в доброту.

Есть актеры, писатели, художники, творчество которых определяет целую эпоху. Но есть и другие,— их творчество заполняет какой-то промежуток, переходный период, и они выполняют определенную локальную задачу. К таким актерам относится Олег Попов. Он с блеском выполнил свою задачу и неминуемо должен был уступить, когда к началу шестидесятых годов на сцене и на экране завоевывали славу актеры, сочетавшие в своем творчестве краски трагедии и комедии. Конечно, и на арене должен был появиться и стать популярным такой актер. В палитре Попова трагикомические краски отсутствовали. А это вообще очень важный компонент образа клоуна.

А как же Карандаш? Ведь он был только веселым клоуном. Как же он обошелся без единой ноты грусти, печали, выступая даже в самые страшные годы войны и после ее окончания?

С одной стороны, маска Карандаша, как уже говорилось, была адекватна бодрому ритму строек, молодости страны. С другой — успех Карандаша в предвоенные, в тяжелые военные и послевоенные годы, когда искусство стремилось к тому, чтобы сохранить в людях оптимизм. Во время войны веселые шутки Карандаша прекрасно принимались публикой. О самой войне тогда было больше комедий, чем серьезных произведений. Видимо, иначе и не могло быть. Слишком много жестокости и трагедий происходило в реальной жизни, чтобы они тогда же становились и темой произведений искусства. Искусство давало людям возможность ненадолго отвлечься, вселяло надежду.

Карандаш поднимал дух своих зрителей, выступая в цирке или на фронте с концертами.

Драмы, порожденные войной, продолжались и после ее окончания. Нужно было помочь людям ощутить радость победы, сгладить боль. И только когда, казалось, жизнь стала светлее, в искусстве началось очень глубокое осмысление происшедшего, и уже совсем в другом ключе.

Так уж устроена человеческая психология, что во время войны люди вспоминают о старом, добром мирном времени. Люди мечтают, чтобы война кончилась и все было как раньше. В фильме «Жди меня» (сценарий Константина Симонова) герой надеется, что все будет попрежнему: он вернется с фронта домой, откроет дверь своим ключом, и в квартире его будет ждать женщина, в том же любимом платье...

Во время войны и в первые послевоенные годы остались популярными все те же актеры, те же лица и голоса, какие нравились до войны, сохранилась мода на довоенные прически и платья. Война задерживает развитие эстетического идеала. «В моде» остался тот же клоун, Карандаш,— первенство его на протяжении двух десятков лет никто и не оспаривал.

Маска Олега Попова была полностью адекватна времени только в течение шести-семи лет. А дальше, чтобы сохранять первенство в водовороте событий начала шестидесятых, нужно было иное наполнение маски, нужно было добавить в нее новые черты. Но Попов пропустил момент или не знал, как это сделать. Обаяние его солнечной улыбки постепенно растворялось в эстрадных сюжетах и фельетонных репризах... Они не давали маске необходимого питания, чтобы она попрежнему была выражением характера, сути клоуна.

Но можно ли в чем-нибудь винить Олега Попова? Упреки или обвинения в адрес актера неуместны. Вряд ли есть клоун, который бы до последнего дня на манеже не хотел снова и снова завоевывать аплодисменты.

Период оттепели прошел. Где-то не вышла из печати книга, где-то не состоялась премьера спектакля, в газете «зарубили» статью. Никто не считал, что впереди безоблачно, но никто не понял, что оттепель кончилась. Улыбка клоуна тускнела, клоун метался, не зная, что именно делать на арене. Уже нет идеи, дававшей питание маске. Весенняя радость, раскрепощенность незаметно перешли в общественную апатию. Заторможенность, бездеятельность охватывали разные стороны жизни. А на арене? Именно такое состояние выражала маска «балбеса». Никулин давно был известен. Теперь стал сенсацией.

В 1961 году вышел на экраны фильм «Когда деревья были большими», где клоун играл главную роль. И однажды утром он проснулся знаменитым... Ему удалось соединить комические краски цирка с трагикомическими чертами персонажа, которого сыграл в фильме.

В 1963 году Никулин и Шуйдин в течение целого сезона выступали на столичной арене, участвуя в спектакле «Карнавал на Кубе», и он, Никулин, уже был самым интересным клоуном для зрителей.

Успех и аншлаги сопровождали гастроли Карандаша и Олега Попова. Но это был несколько иной успех, чем теперь у Никулина. О них уже не говорили как о сенсации, их просто продолжали любить. Как часть собственной жизни. А о Никулине в это время заговорили все, возникла потребность видеть его на арене, на экране, на телеэкране. Режиссеры наперебой приглашали его сниматься, журналисты брали интервью...

Олег Попов беспрерывно гастролирует последние годы. И всегда его принимают очень тепло. Годы поисков не прошли даром для мастера. Теперь в его улыбке есть и мудрость, и понимание, и немного усталости. Наверное, он понял то, в чем раньше не признавался даже себе. А мы? Разве можно забыть молодого голубоглазого клоуна — как он разгуливал по проволоке, размахивал тросточкой, жонглировал кастрюльками, вилками, картошками? Мы помним, какая весна была в конце пятидесятых годов...

ЮРИЙ НИКУЛИН

МАСКА И ОБРАЗ

«Моя профессия — каждый день смешить людей, вызывать смех во что бы то ни стало. Когда мой сын, в то время еще малыш, тяжело заболел в Москве и врачи опасались за его жизнь, а я в Ленинграде выступал на манеже три раза в день (шли школьные каникулы), я все время думал о сыне. Я по нескольку раз в день звонил домой и спрашивал жену о здоровье мальчика. Но все эти дни я твердо знал, что в одиннадцать тридцать утра начинается первое представление и на нем будет около двух тысяч детей, которые пришли посмеяться над клоунами Никулиным и Шуйдиным. И никто из них не должен знать, что у одного из артистов дома горе...».

Юрий Никулин не сорвал спектакли и не уехал в Москву. Он не рассказывал зрителям о болезни сына и не искал их сочувствия. У нас не принято извещать зрителей о своих личных неприятностях. Спустя время (его сын, конечно, поправился и рос хорошим, здоровым мальчиком) он рассказал об этом в интервью для «Литературной газеты» — «Снимаю обыкновенную шляпу с необыкновенной головы».

Наверное, не один раз он вспомнил об этом эпизоде из своей жизни. Еще бы: клоун смешит зрителей на арене, в то время как его сын лежит больной,— ведь это же классическая коллизия драмы клоуна. Буквально такой эпизод мы видели когда-то в фильме «Борец и клоун», посвященном Анатолию Дурову. В фильме эпизод имеет несколько сентиментальную окраску. Но, кажется, убери его из фильма — и фильм не состоится.

Но мало ли что рассказывают!.. И почему именно этому рассказу следует придавать чрезвычайное значение? Волновать такой случай может только близких, а интересовать — знакомых. Но когда речь идет о клоуне, как раз такой эпизод, с больным сыном артиста, становится интересным для всех.

Хотел Никулин или не хотел, но он коснулся нервного центра фигуры клоуна. Драма клоуна... Без нее образ его как бы теряет черты строгой определенности, законченности формы искусства, какая вообще свойственна маске клоуна. Драма в собственной жизни клоуна или сыгранная им на сцене для зрителя едины. Классические примеры — Риголетто или Канио: жизнь этих персонажей нанизывается на играемый ими сюжет. В сознании зрителя клоун — это символ необыкновенной судьбы уже в силу самой профессии. И вот парадокс: необыкновенной, но очень близкой и понятной для каждого. Видимо, есть такие образы в искусстве, которые являются как бы частью нашей личной жизни. В искусстве клоунады сохраняются те образы и формы, которые передают вечные человеческие качества.

...Возможно, неосознанно, но зрители хотят узнать о боли человека, который смеется, ждут этого от клоуна. И дело не в жестокости зрителей, которые, подобно некому анекдотическому англичанину — изо дня в день он ходил на представления в цирк, чтобы наконец увидеть, как львы разорвут дрессировщицу,— тоже хотят узнать о драме. Скорее, мы имеем дело с неосознанным желанием зрителей соединить контрастное — добро и зло, драму и комедию,— чтобы пережить наиболее сильные впечатления. Да и у актеров есть известный принцип работы над образом: играя злого, ищи, где он добрый (и наоборот).

Чаплин сказал, что он любит трагедию потому, что в основе ее есть нечто прекрасное. А для него прекрасное — самое ценное, что он находит в искусстве и в жизни. С комедией стоит повозиться, если там найдешь вот это прекрасное, но это так трудно...

Это сказано в XX веке. А в девятнадцатом его предшественники использовали этот принцип соединения комедии с драмой интуитивно. Вряд ли клоуны прошлого века были знакомы с эстетическими положениями Виктора Гюго, писавшего, что художник не должен бояться показать уродливое, если хочет рассказать о прекрасном.

Для Мюссе, Верди, Леонкавалло, Тулуз-Лотрека было очевидно, что сюжет выигрывает, если его героем является клоун, а комедия тем сильнее, чем больше она опирается на драматические повороты. Но и они не были первооткрывателями. За три века до них Шекспир уже знал, что фигура шута великолепно помогает развитию трагедии, а сам сюжет трагедии служит отличным фоном для шута. Виктор Гюго, прежде чем создал драму «Король забавляется» (ее сюжет послужил основой для оперы Верди «Риголетто»), много размышлял о соединении трагического и комического. А клоуны постигали для себя истину, ткнув пальцем в небо,— им указывала путь безошибочная интуиция. Ведь искусство клоуна — это прежде всего интуиция. Сами клоуны давно сообразили, что их веселый смех необходимо оттенить трагическими красками. И они придумывали себе несчастные или сентиментальные биографии. Сплошные мистеры Иксы и внебрачные дети аристократов толпились на аренах (и если это не придумывали они сами, то за них придумывала публика). Публика упивалась подобными легендами. В XIX веке цирк был очень модным зрелищем, его постоянной публикой были аристократы и люди света. Грубая откровенность цирка была для них увлекательной новинкой, она притягивала. И утонченным дамам из общества... ну, как бы это сказать... было не совсем удобно восхищаться пронзительным Рыжим клоуном или воздушным акробатом. Но когда его сопровождали слухи о бережно хранимой половине батистовой пеленки с гербом, или о роковой страсти к графине, которая толкнула несчастного, но благородного юношу на арену, или — уж совсем на худой конец — о больном сынишке, который мечется в жару, пока он, клоун, забавляет публику,— о, это уже совсем другое дело! И никого тогда не смущало, что на этой же арене выступали родные мама, папа и дедушка бедного «аристократа». Все эти подробности к искусству никакого отношения не имели. Словом, смех клоунов гораздо лучше звучал в сентиментальном ореоле этих историй.

Начиная с XIX века образы цирка часто появляются в художественных произведениях. Сам сюжет цирка легко давал возможность соединить смех с драмой и даже со смертью, которая будто ходит по пятам за людьми арены. И произведения, где драма клоуна, «циркача» состоялась, принимались с огромным успехом. Существующая или придуманная драма из реальной жизни клоуна очень облегчала становление клоунской маски. Клоуны, в которых есть эта трагическая изюминка или если им сопутствует драматическая история, быстро становятся известными. Несчастны все клоуны на театральной сцене — Риголетто, Канио. Гибнет или сам клоун, или любимое им существо. Такое толкование сюжета продолжалось и в начале XX века. «Несчастные» клоуны продолжали свой путь на киноэкране. Вспомним, например, старого клоуна, сыгранного Чаплином в фильме «Огни рампы». Несчастен клоун, невесту которого, дрессировщицу, разорвал тигр, в кинофильме «Тигр Акбар». В известном в свое время фильме «Воздушные акробаты» опять смерть — на этот раз гимнастки. И даже уже упомянутый «Борец и клоун», очень оптимистичный, все-таки держался на двух точках — болезни и смерти сына клоуна и гибели воздушной гимнастки, которую любил борец. Несчастен клоун Фрост — над женой его подшутили офицеры (фильм Ингмара Бергмана «Вечер шутов»). В одной из сцен фильма на арене плачет и обливается кровью униженный циркач, вокруг него — карлики, какие-то шутовские маски. Молча смотрят или смеются зрители. Смеется компания театральных актеров, которая затеяла весь этот «спектакль»... Здесь как будто соединились все классические коллизии и истории о клоунах и людях цирка. Словом, примеров множество.

Однако образ клоуна и самого цирка в кино, театре и реальные клоуны арены — не одно и то же. В цирке смеются, природа его жизнерадостна. И несчастные случаи происходят не чаще, чем в любой другой области человеческой деятельности. Но, конечно, в цирке всегда знали эффект соединения контрастных красок. По этому принципу строились и номера, особенно воздушные, и их реклама. В начале века на арене было много «смертных» номеров. «Прыжок смерти» или «Петля смерти» — с барабанной дробью, трогательным прощанием исполнителя с женой и детьми на глазах у публики, множеством приготовлений, подчеркивающих возможность трагического исхода. Современному зрителю недостаточно трогательных сцен прощания с семьей, всех этих сантиментов вокруг смелого трюка или умелой подделки. Теперь опасный трюк действительно опасен, без всякой фальши. Лет десять назад погиб Карл Валленда, руководитель легендарной труппы канатоходцев. Семейная труппа Валленда существовала давно, и они всегда работали с успехом. Это была профессионально сильная труппа канатоходцев — с их традиционными переходами, «пирамидами», балансами. Но, по-моему, она не превосходила других известных канатоходцев, фокус был в том, что Валленда раньше других начали работать без сетки. И это производило такое впечатление в сороковые годы, что в одном из лучших американских цирков, «Барнум и Бейли», публика, увидев впервые номер, устроила овацию, прервав представление на пятнадцать минут. «Десятилетия славы Великих Валленда были одновременно и десятилетиями игры со смертью»,— писал американский журналист Ричард Боэт на страницах «Ньюсуик». Несчастья преследовали эту семью — один за другим постепенно погибали участники номера, они как будто были отмечены печатью рока. Но труппа Валленда снова и снова поднималась под купол. «Несчастье случилось в Детройте вечером 30 января 1962 года. Карл всегда рассказывал о нем в настоящем времени. «Мы показываем свой коронный номер с пирамидой,— медленно говорил он, жестикулируя руками.— Мой племянник Дитер стоит впереди внизу на канате. Я чувствую, что он держится неустойчиво, слышу, как он что-то бормочет себе под нос. Слов разобрать не могу, но боюсь, что с ним что-то неладно. Мы отходим примерно метра на три от платформы, я гляжу вниз и вижу, что у него дергается шест. Потом он кричит: «Я не могу удержаться! Не могу!» И летит вниз, а с ним — вся пирамида. Дитер Шепп и Ричард Фэнон разбились насмерть, у приемного сына Валленды, Марио, парализовало ноги. Сестра Дитера, Яна, работавшая на вершине пирамиды, спаслась чудом... Сам Карл получил перелом таза. На следующий день, лежа в больничной палате, он смотрел по телевизору репортаж о происшествии. Вскоре он снова был на канате...».

Следующий акт драмы был в 1963 году. Беда охотилась за семьей Валленда. Несчастные случаи следовали один за другим... Я думаю, что именно драма, сопровождавшая Валленда, и создавала им почти легендарный успех. На них смотрели как на смертников. «Другие циркачи стали избегать их. Если раньше на объявление Карла о том, что нужен канатоходец, откликались сотни желающих, то теперь не находилось ни одного, исключая членов его семьи, главным образом внуков, которые еще не прониклись страхом старших».

И вот погиб сам Карл Валленда. «Ему предстояло пройти 250 метров по канату, натянутому на высоте сорок метров от земли между двумя приморскими отелями в Сан-Хуане, Пуэрто-Рико. «Не беспокойтесь,— сказал он, проверив канат и силу ветра.— На улице дует ветер сильнее, чем наверху...». Все шло гладко, пока канатоходец не добрался до середины. Ветер неожиданно усилился, и циркач инстинктивно наклонился вперед. «Сядь, дедушка, сядь!» — закричала снизу внучка. Старик согнулся чуть ли не пополам и крикнул девятерым мужчинам, следившим внизу за расчлененными тросами: «Натяните канат, натяните его!»

И тут он сорвался. Он успел ухватиться за канат правой рукой, но удержаться не мог, и тогда, вцепившись обеими руками в шест, он упал, не проронив ни звука, на крышу стоявшей внизу машины... Так после пятидесяти семи лет выступлений закончилась жизнь семидесятитрехлетнего Валленды, величайшего из цирковой семьи Великих Валленда, ставшего героем одной из самых поразительных в истории цирка легенд, в которой романтическое переплеталось с трагическим...».

Работа клоунов внешне не связана с опасностью для жизни. И драму клоуна, его боль стали искать в его личной судьбе. Только в XIX веке эти легенды и фантазии зрителей имели романтический оттенок, и, слушая чувствительные истории, дамы вынимали флакончик с нюхательной солью. А раньше, во времена Средневековья, когда нравы были значительно проще и грубее и развлечением становилась публичная казнь на площади,— тогда и драма клоуна, вероятно, должна была быть более очевидной, реальной и жестокой. Часто клоунами тогда были люди от природы уродливые или искалеченные специально. В самой их внешности уже заключалась драма.

Однако, могут мне возразить, прежде клоуны служили мишенью для насмешек и не удивительно, что на эту должность шли люди с искалеченными судьбами. А в наши дни все не так. Клоун перестал быть изгоем в обществе, его искусство ценится так же, как искусство других художников, и, значит, его драма никому не нужна...

Сегодня клоуны очень похожи на обычных людей. И какой-то физический недостаток — маленький рост или слишком большой, чрезмерная полнота и т. д.— вовсе не обязателен для людей этой профессии. С этой точки зрения действительно никого сейчас не убедишь в том, что судьба его драматична. Он счастлив, любим и награжден. А что касается личных неприятностей, то у кого их нет...

Однако вариации на тему «несчастного клоуна» возникают по сей день. За примером ходить недалеко — «Арлекино», песенка, облетевшая каждую улицу и каждый дом.

«Смешить мне вас с годами все трудней,
Ведь я не шут у трона короля,
Я Гамлета в безумии страстей
Который год играю для себя...
Все кажется: вот маску я сниму —
И этот мир изменится со мной,
Но слез моих не видно никому,
Что ж, Арлекин я, видно, неплохой...»

Кстати, именно «Арлекино» мгновенно сделал знаменитой Аллу Пугачеву. И это не первый случай, когда художник, удачно воплотивший тему «несчастного клоуна», быстро становится знаменитым... И, видимо, клоун по-прежнему остается персонажем, в фигуре которого наиболее удачно сочетаются комедия и драма (комедия доминирует).

Наука и технические новшества на рубеже двух веков перевернули прежние представления о мире, заставили людей жить в другом ритме, по другим законам. И искусству пришлось искать новый стиль и формы. Художники искали новые сочетания красок. Поэты анализировали выразительные возможности слов и звуков. Искусство прошлого века подверглось тщательному пересмотру. И в этом процессе пересмотра прошлого и поиска нового клоунам довелось играть далеко не последнюю роль. Портреты клоунов в домино и во фраках украшали обложки журналов и книг; Пьеро и Арлекины заполняли эстрадные и театральные подмостки, не говоря уже о немых экранах нарождающегося кинематографа. Но почему так много клоунов, хотя в самом времени не было ничего комического?

Люди еще не понимали, в какую историческую эпоху они вступают. Каскад великих открытий поражал — и люди посмеивались, потому что пока не понимали их значения. Одни «весело расставались с прошлым», другие высмеивали пробы новых форм в искусстве, еще не окрепших и страдающих неуверенностью.

В начале XX века клоуны как бы испытывали на себе и новые и старые формы искусства.

В новых джазовых мелодиях так ясно слышались клоунские ритмы. А танцы тех лет — можно держать пари, что их придумывал клоун. Моду тоже словно кроил клоун. Конечно, всякая мода, которая уже ушла (или только начинается), кажется немного смешной. Когда мы теперь листаем журналы тридцатых, сороковых, пятидесятых годов или смотрим фильмы тех лет, прически и платья персонажей вызывают улыбку. Но если посмотреть на моду начала века... Танцы, платья, шляпки — все это как будто специально для того, чтобы люди, которые так нарядились и так танцуют, могли немедленно стать персонажами эксцентрических комедий.

И клоуны подводили итоги. Белые Пьеро оплакивали уходящий век, его прошлую красоту. «Где вы теперь, кто вам целует пальцы?..» — пел знаменитый шансонье, одетый в костюм Пьеро. «В бананово-лимонном Сингапуре...» Все было кончено с будуарами, с тигровыми шкурами, томными красавицами.

Если позволено сравнить клоуна с поэтом, то поэт в своих стихах, давая предмету новый эпитет, одновременно дает ему и новое толкование. А клоун придумывает последний, «смертельный» эпитет предмету, после которого предмет или понятие в том виде, в каком они существовали раньше, уже существовать не могут.

Искусство нередко новые формы начинает пробовать в комедийном ключе.

В юном кинематографе трех мушкетеров сыграли клоуны, и великая романтика прошлого века захлебывалась в облаке пуха и перьев, выпущенных комиками из подушек Миледи. Клоуны смеялись и над старыми и над новыми временами. Неистовые киноавтомобилисты проезжали сквозь стены домов, трамваи носились как угорелые. А потом жизнь вошла в колею XX века, новые нравственные нормы утвердились — и комедия снова стала комедией, а драма — драмой. И славная плеяда кинокомиков, выполнив свою миссию, ушла. Остался один Чаплин. Великий клоун XX века.

Зачем называть Чаплина клоуном?! Он — комик. Но, право, как бы точно мы ни определяли амплуа, живой актер, талантливый художник не очень считается с теми границами, в какие его помещают критики. Талантливый актер часто пользуется приемами не «своего» жанра... Маска Чаплина впитала в себя столько вечных клоунских красок. Попробуйте мысленно перенести Чарли на арену. Как естественно он стал бы жить внутри циркового представления, без дополнительных сюжетных построений и прочего антуража кинематографа. Кстати, в некоторых цирках до сих пор клоуном называют только Белого в буффонадной паре, остальные персонажи арены — «август», «комик», «эксцентрик» и т. д. Может быть, когда-то такое разделение на амплуа имело смысл. Но сегодня — нет. Клоун — это символ смеха, ум и душа цирка, главное действующее лицо на арене. Игра на музыкальных инструментах, пантомима, акробатика всего лишь удобные для него средства выразительности. А его грим и костюм во многом зависят от времени, от моды и т. д. О Леониде Енгибарове до сих пор можно услышать, что он не клоун, а мим. Но от этого он не стал ни меньше клоуном, ни больше мимом. И об Анатолии Марчевском говорят, что он мим. Александра Родина называют музыкальным эксцентриком. Известные на арене клоуны, оказывается, вовсе не клоуны? А может быть, гибкость клоунов и чуткость к веяниям времени проявляется и в том, что, скажем, сегодня они владеют формами эстрады, пантомимы и т. д.?

До начала второй мировой войны Чаплин царил безраздельно. Наверное, он мог уйти только тогда, когда на смену времени, о котором так полно рассказывал он, стали приходить другие, «новые времена», и вместе с ними — другие клоунские маски. Чаплин отлично чувствовал и передавал то, чем период жестоких экономических кризисов непосилен для маленького человека... Он предчувствовал и наступление фашизма, беспощадного к таким, как его герой. Будущее неминуемо должно было раздавить Чарли. Чаплин это понял. В 1947 году, в фильме «Месье Верду», Чаплин появляется уже в ином облике... Так будет и в последующих работах актера.

Случай почти небывалый — клоун отказывается от своей маски, принесшей ему славу.

Прекрасное, кстати, подтверждение, что не преклонный возраст, не слабое здоровье или еще какие-то причины заставляют клоуна сойти с подмостков (или даже, как в данном случае,— отказаться от маски).

Образы клоунов проходят через все творчество Феллини. Фильм Бергмана «Вечер шутов» (1953), который как бы вобрал в себя все классические коллизии сюжетов о цирке и о клоунах, заслуживает подробного рассказа. В центре сюжета — история отношений клоуна Фроста с его женой Альмой, данная как ретроспекция, и отношения владельца цирка Альберта с его женой Анной.

«...День жаркий, и офицерам скучно. Они играют в карты. Проходит Альма, вызывающе приподнимая юбки. Она еще красива, но одной ногой «уже за порогом цветения». Офицеры собирают в шапку деньги, подстрекая ее раздеться. Один из них шепчет что-то на ухо оказавшемуся поблизости мальчишке. Тот хохочет и мчится стремглав к шапито. Фрост смеется вместе со всеми, выходит наружу, одетый в клоунский костюм. Сначала он думает, что все сказанное мальчишкой — шутка. Повторяет его слова. Внезапно понимает, что это правда, что Альма на самом деле купается голая с офицерами. Он хватает мальчишку за руку и бежит с ним к берегу.

...Фрост умоляющим жестом протягивает руки к воде, где барахтается Альма с офицерами. Он снимает с себя костюм. Он боится воды, идет, оступаясь, по камням, скользит. Мальчишка под шумок подбирает одежду Альмы и Фроста, прячет ее. Когда Фрост добирается наконец до Альмы, она целует его и утягивает за собой под воду. В конце концов ему удается ее вытащить. Но приходится нести ее на руках, по острым камням, под беспощадно белым солнцем к шапито. Он сваливается в изнеможении, словно мертвый. Когда, подняв, его отводят к шапито, появляется мальчишка с клоунским костюмом в руках, расстилает его перед входом. Вся труппа сопровождает процессию. Никто больше не смеется. Фрост унижен, Альма унижена и обвиняет других артистов, что довели ее до беды. Труппа сохраняет иронический нейтралитет. Для артистов эта сцена — спектакль. Они уже не способны различать, где игра в трагедию, а где настоящая трагедия. Ведь Фрост — клоун. Это всего лишь одна из ролей, думают они...

Но это не единственный спектакль. Есть еще один, который дает на арене страдающий паяц Канио — на этот раз в его роли оказался директор цирка Альберт. Его драка на манеже с любовником жены Франсом длится не более полуминуты, точнее, девятнадцать секунд. Но эти короткие девятнадцать секунд кажутся очень долгими. После первого же удара лицо Альберта в крови, но он яростно стискивает лицо Франса... И все это в присутствии зрителей, которые спокойно наблюдают за дракой как за зрелищем, обещанным в программе. А дальше Альберт в своем фургоне вынимает револьвер, приставляет его к виску... Но выстрела не следует. Мы видим его лицо отраженным в зеркале, он поворачивает револьвер дулом к зеркалу. Раздается выстрел. Смерть его символична, где-то рядом с настоящей смертью. Чтобы на чем-то отыграться и восстановить душевное равновесие, он идет к клетке, где содержится медведь Альмы, и, как предложил некогда Фрост, стреляет в животное. Одиноко бредет он потом на конюшню, опускается на землю, прижимаясь лицом к морде лошади...». Так написал о фильме критик Йорн Доннер.

Конечно, клоун в фильме Бергмана — собирательная фигура. В клоуне обнаженнее видны все противоречия, соединяются настоящая трагедия с игрой в трагедию, жизнь и смерть, реальность и игра, измена, но на фоне театральных тряпок и мишуры. Фигура клоуна и образ цирка позволили режиссеру сфокусировать в одном произведении классические сюжеты драм. Не случайно действие режиссер переносит в 1900 год — рубеж двух веков. И клоун подводит итог прошлым драмам и одновременно говорит о драмах сегодняшнего дня.

Весь этот экскурс пришлось проделать, чтобы объяснить становление и успех клоунской маски Юрия Никулина в шестидесятые годы. Собственно, это предисловие к рассказу о маске этого клоуна. И к рассказу о Енгибарове.

Юрий Никулин как-то попробовал себе представить, сколько на земле клоунов; подсчитал: оказалось — не более пятисот. А если их рассадить в троллейбусы? И он представил себе троллейбусы, в которых клоуны мира катят по городу. Всего десять троллейбусов.

Труднее подсчитать, сколько произведений так или иначе обращалось к образу циркового клоуна, как часто он служит мерилом сравнений, сопоставлений. И как на самом деле немного клоунов на аренах. Но людям кажется, что клоунов гораздо больше, именно потому, что образ клоуна символичен и сам по себе вызывает огромный интерес.

...Он взялся доставить купленную стиральную машину из магазина домой. Тащил ее по лестнице так усердно, с такими комическими усилиями... Последняя ступенька. Все. Он отирает пот со лба. И в этот момент стиральная машина летит с пятого этажа вниз. За ней, стараясь ее догнать, летит носильщик. Смешно? Конечно. Следующий кадр: весь перевязанный, клоун лежит в больнице. Обычный эпизод комедии. Смешно. Если бы не его глаза — печальные глаза. И так на протяжении всего фильма: смешные поступки, клоунские выходки и грустные глаза...

Фильм «Когда деревья были большими». Зрители, видя Никулина в фильме, помнили, что эту драматическую роль играет цирковой клоун. Тот самый, который ежедневно выходил на арену, оглядывался по сторонам, потом разворачивал газету и садился на табурет. Его партнер Михаил Шуйдин, задумавший очередную каверзу, потихоньку клал яйцо на табурет. Никулин плотно и основательно садился, даже ерзал, устраиваясь удобнее.

— Что сейчас будет! Ну, что сейчас будет!..— ликует Шуйдин.

— Встань! — говорил он.

Никулин вставал. Его туалет в полном порядке. Яйца и след простыл. Исчезло. Нет его. Шуйдин смотрит на брюки партнера, потом — на табурет, пытаясь решить загадку, и взгляд его так откровенен, что не составляет труда понять ход его рассуждений.

— Сядь! — приказывает он и снова успевает на центр табурета положить яйцо.

Никулин, ничего не подозревая, невозмутимо садился. Ну, теперь-то уж наверняка каверза состоится!

— Встань! — командовал Шуйдин.

Никулин вставал. У него опять все в порядке. Шуйдин потрясен, сомневается, что-то подозревает...

— Сядь! — с последней надеждой просил он и снова подкладывал яйцо, пока Никулин медленно, со вкусом опускался на табурет. Он почти сел, когда Шуйдин дико кричал:

— Стой!

Надо все проверить самому.

Ага, Никулин заметил яйцо, которое ему пытались подложить. Он возмущен, сейчас он ка-ак задаст партнеру! Но Шуйдину не до того: он медленно-медленно садится, как будто проделывает опасный эксперимент. Садится на яйцо. Никулин обалдело смотрит: его приятель, кажется, спятил.

Шуйдин сел. Встал. Все как и должно быть — яйцо раздавлено, голубые брюки вымазаны. Он уходит, так ничего и не поняв. Никулин смотрит вслед: все-таки его приятель — абсолютный дурак...

Исполнитель вот такой чисто клоунской репризы — и исполнитель драматической роли в фильме. Два лица одного актера, и оба они создают единое представление об актере Юрии Никулине. Клоуне Юрии Никулине. Потому что, какие бы роли он ни играл, он остается для зрителей клоуном Юрием Никулиным.

В одной из статей Юрий Никулин писал:

«— Весело ли вам бывает, когда вы выступаете в цирке? — спросила меня девочка-первоклассница.

Никто меня так не спрашивал, и я не сразу ей ответил. Я задал ей вопрос:

— А тебе весело в цирке?

— Ага.

— Ну, так вот, когда я вижу, что тебе весело, мне тоже весело и приятно. Поэтому выходит, что мы с тобой веселимся вместе.

— А если у вас болит нога?

Тут отвечать легче — я же клоун, а потому спрашиваю:

— Какая нога — правая или левая?

— Левая,— отвечает, подумав, девочка.

— Тогда у меня веселится одна правая нога,— говорю я...»

Стоп. Ну, вот, мы и вернулись к этому вопросу — о боли клоуна. Конечно, рассказ об образах клоунов на драматической сцене не имеет прямого отношения к Юрию Никулину (и к Леониду Енгибарову и тем более к Олегу Попову). Он счастливый и в творчестве и в личной жизни. Но рано или поздно к знаменитому клоуну подходит маленькая девочка и спрашивает его: «А если у тебя болит нога?..» — ничуть не подозревая, что этот вопрос задавали себе многие художники разных эпох и давали на него свои ответы. Но все-таки рассуждения о драме клоуна я не случайно предпослала рассказу о Юрии Никулине. Хотя бы уже потому, что именно он обратил внимание на вопрос этой девочки, почувствовав, что из десятков и сотен вопросов, какие ему задают, этот не так-то прост. Кстати, Юрий Никулин пел песенку о старом клоуне, который плачет, прощаясь с цирком...

Ну и что? Со стихами о несчастной судьбе, о своей

непонятой душе клоуна выступал и Виталий Лазаренко в двадцатых годах — более чем благополучный персонаж и в жизни и на арене! ...А может ли вообще большой клоун состояться, если он не коснулся драмы? Енгибаров, «клоун с осенью в сердце», нашел для себя поворот этой темы — судьба клоуна — и в репризах и в новеллах, в пантомимах. Карандаш был клоуном без единой ноты печали. Но почему он смог обойтись без печали, я уже попыталась объяснить. Олег Попов тоже не трогал печальных струн, если не считать лирического «Солнечного лучика».

Никулин завоевал популярность, когда героями некоторых кинолент и театральных спектаклей стали персонажи очень похожие на клоунов, когда с успехом шли трагикомедии. Конечно, сам клоун — лучший герой для трагикомедии. Но судьба клоуна изначально носит печать какой-то исключительности, а послевоенные литературные и художественные произведения чаще рассказывали о судьбах как раз обычных. Поэтому героями трагикомедии часто становились люди, чем-то напоминающие клоунов.

Игра клоунов арены в этот период была очень тонкой, естественной, а грим и костюмы почти не отличались от грима и костюмов киноперсонажей и героев спектаклей.

К моменту премьеры «Когда деревья были большими» Юрий Никулин вместе со своим партнером уже создал основу своего клоунского репертуара. Коронные их репризы — «Бантик», «Насос», «Лошадки» — шли под несмолкаемый хохот зала.

«Бантик». Никулин стреляет из пистолета, заряженного бантиком, чтобы таким образом посадить бантик на шею Михаила Шуйдина. Сначала Шуйдин показывал, как это делается. Он брал большой клоунский пистолет, ставил перед собой Никулина («Стой и не шевелись!»), раздвигал пошире ворот его рубашки, подготавливая место, где следует прикрепить бантик-«бабочку». Никулин недоверчиво следил за приготовлениями. Шуйдин прицеливался, стрелял: бах — и на шее Никулина яркий бантик! Никулин ошеломлен. Не может поверить. Смотрит оторопело на зрителей, показывает им бантик... И тут же хватает пистолет, другой бантик, засовывает его в дуло пистолета, ставит Шуйдина на стул, как на пьедестал, чтобы все лучше видели, что сейчас произойдет. Целится... Нет, надо еще раз прицелиться, поточнее,— и он приставляет пистолет к горлу Шуйдина, затем как бы по невидимой воздушной линии проносит пистолет к тому месту, откуда ему надлежит стрелять. Вот так, теперь будет как раз. Но Шуйдин слишком хорошо знает своего приятеля. И знает, что он может попасть совсем не туда, куда целился, тем более что Никулин медленно приближается с закрытыми глазами, а пистолет так и пляшет в его руке. Шуйдин трясется от страха... Никулин открывает глаза и досадливо машет на него рукой — э, испортил все! Он снова долго готовится, давая указания: выше голову... чуть-чуть правее... теперь левее... откинь назад... еще назад... ну!.. Вот-вот грянет выстрел. В этот момент шляпа падает с головы Шуйдина. Он поворачивается спиной к Никулину, чтобы поднять ее, наклоняется — и выстрел грянул! Теперь у Шуйдина тоже бантик. Но только не на шее...

Такова была его маска недотепы, очень туго соображающего, неповоротливого в мыслях и в движениях. Но когда он уже сообразил — тут он начинает вовсю действовать! А его озадаченная физиономия — на нее нельзя смотреть без смеха! И зрители от души смеялись, когда на арене появлялась его длинная, сутулая фигура.

Самое интересное было в том, что, как только этот недотепа, балбес попадал в какую-то критическую ситуацию, вы все начинали видеть его глазами: и что ему смешно, и что ему непонятно, и что вызывает его немой восторг.

Вскоре после премьеры фильма «Когда деревья были большими» в репертуаре появилась реприза «Букет цветов» («Розы и шипы», автор М. Татарский), ставшая переломной для образа клоуна. Хотя в свое время это не было слишком заметно, даже для самого клоуна,— просто хороший номер... На этот раз Юрий Никулин — влюбленный. Он выходит с коробкой конфет в руке, а на скамейке его уже ждет милая девушка. Они ведут безмолвный диалог взглядов. И вдруг под веселенькую мелодию — «Ландыши, ландыши...» (эта пошленькая песенка была тогда модной) — идет торговец цветами: спекулянт, в шапке набекрень, с сигаретой в зубах. В ведре у него остался один, но роскошный букет. Влюбленный хочет купить этот букет, отдает все деньги, какие у него были, хватает букет и бежит к девушке. Но торговец оценил ситуацию и понял, что этот влюбленный отдаст за букет все, что имеет. Торговец выхватывает букет из рук девушки и показывает: гони еще монеты или... Влюбленный оскорблен, ему стыдно. Он обшаривает все карманы — ничего нет. Он снимает галстук и отдает его спекулянту, снова вынимает из ведра букет. Торговец неумолим: денег мало, давай еще. А отдавать нечего. Но это клоунада, Никулин — клоун. И он скидывает брюки, отдает их спекулянту... Тот поглядел — больше действительно взять нечего. Влюбленный вручает букет девушке. Обнявшись, они уходят, счастливая девушка ничего не замечает. Она смотрит только в его глаза...

Эта единственная лирическая реприза в репертуаре клоуна оказалась очень важной для его работы. Конечно, здесь он уже не недотепа и не балбес, хотя некоторая замедленность и неповоротливость сохраняются. Но в его маске произошел сдвиг, в ней ярко проявились новые черты — искренность, человечность. Маска приблизилась к персонажам трагикомических фильмов, к людям, похожим на клоунов, каких играл Никулин в кино,— маска отныне стала более гибкой, богатой по своим выразительным возможностям. Словом, маска клоуна, популярная на арене, начала обогащаться чертами тех образов, которые играл клоун в кино, они как бы стали ее питанием. Никулин все дальше стал уходить от «балбеса», очевидно ощущая, что узкие пределы этого образа сильно ограничат его в выборе репертуара.

«...— Александр Борисович, тут ребята просят, чтобы я их чему-нибудь научил,— обратился Карандаш к инспектору манежа.

— Ну, правильно,— ответил серьезно Буше,— надо передавать молодежи свой опыт.

Услышав эти слова, Карандаш буквально силком вытащил двух парней в манеж.

Один из них, маленький, в телогрейке и кепочке. Другой, видимо его дружок, в узком коротком кителе, старом кожаном пальто, висящем на нем как на вешалке, в сапогах и в фуражке без кокарды. Он все время стеснялся и пытался улизнуть с манежа.

— Сейчас начнем учиться верховой езде! Давайте лошадь! — сказал Карандаш, подвел маленького к лошади и подсадил его так, что тот перелетел через лошадь и оказался сидящим верхом на барьере, что вызвало бурную реакцию зала.

Буше потребовал, чтобы на учеников надели предохранительную лонжу. Тут же дали лонжу, пояс которой Карандаш пытался сначала надеть на шею уже отнюдь не улыбающегося парня. Наконец маленький уселся на лошадь, сделал круг — и свалился. Длинный, увидев, что случилось с приятелем, решил подобру-поздорову вернуться на свое место, но Карандаш нагнал его у барьера и насильно повел обратно. Парень с опаской приближался к лошади, пугаясь каждого ее движения. Тем не менее настойчивый учитель взгромоздил его на лошадь, правда, задом наперед. Публика умирала со смеху.

Но вот его посадили как положено, лошадь рысью пустилась по манежу, высоко подбрасывая седока, тот лязгал зубами, все ближе и ближе сползал к хвосту, потерял свою морскую фуражку, с ноги его слез сапог, и, казалось, новоявленный наездник вот-вот свалится. И он действительно упал. Поднявшись на ноги, рванулся на свое место, но его подтянули вверх при помощи лонжи, и он, дрыгая руками и ногами, поплыл по кругу над головами зрителей...».

Так в сценке на лошади Юрий Никулин начинал свой путь на арене. Это был 1949 год, когда он еще учился с Шуйдиным в студии клоунады. Потом в течение двенадцати лет он вместе с партнером скрупулезно работал над репризами, думал над тайнами мастерства. Его внешние данные предрасполагали к появлению на арене нескладного, туго соображающего персонажа. Этот персонаж привлек внимание кинорежиссеров, и Никулина приглашали сниматься в короткометражках. Там его героя так и назвали — Балбес. После фильма «Когда деревья были большими» все изменилось. К нему иначе стали относиться режиссеры, иначе воспринимать на арене зрители. Его звездный час настал.

Характерно, что Никулин смешивает не только краски комедии и драмы внутри одного фильма, но и переносит краски и приемы кинематографа в цирк и наоборот. В кинематографе он часто использует приемы цирка, и, наблюдая за его игрой на экране, нетрудно догадаться, какие детали и реплики наверняка придумал и предложил он сам. Почерк клоуна виден везде.

Сначала зрители только мысленно соединяли его

образ на экране с «тем самым Никулиным, который в цирке...», а придя в цирк, вспоминали, что клоун, стреляющий бантиком из пистолета,— «тот самый Никулин, которого вчера видели в «Мухтаре», и он так трогательно относился к собаке...

Через несколько лет работы в кинематографе клоун уже откровенно стал пользоваться в цирке материалом кино. Я имею в виду не только приемы кино, которые легли в основу реприз. Возникла реприза «Ограбление квартиры», которая по сюжету напоминает эпизод, сыгранный им в фильме «Деловые люди», где он в роли квартирного вора. Композиция репризы, мизансцены, свет, музыкальное оформление — все оставляет впечатление, что это кадры детективного фильма, а не действие на арене.

Продолжая развивать тему кино, Юрий Никулин решил пародировать кинематограф на арене цирка. Показанная им и Шуйдиным реприза «Бревно» остроумно высмеивала закулисную сторону киносъемок.

...Снимается кино. Никулин и Шуйдин по воле режиссера должны перенести громадное бревно с одного конца арены на другой. И все. «Все просто»,— говорит режиссер. Сначала они с удовольствием берутся — все-таки киносъемка! Правда, они чуть не надорвались с первого раза, но чего не вытерпишь ради искусства. «Повторим еще раз! — требует режиссер.— Начали!..» С меньшим энтузиазмом, но они берутся. Опять что-то в этом дубле не устраивает режиссера. Дубль следует за дублем, но режиссер как будто не замечает, что его актеры совсем вымотались. Он изумлен, когда они исчезают из его поля зрения. А они ползут, толкая бревно перед собой, потом и вовсе затихают, придавленные его тяжестью. Мультфильм на этом бы и кончился. Но в цирке еще нужно как-то уйти с манежа. И следует традиционный цирковой финал: когда режиссер просит повторить еще раз, клоуны со страшными лицами и с огромным ножом надвигаются на него...

Две линии творчества все больше соединялись. Никулин даже стал петь на арене песенки из фильмов.

— Сегодня по случаю субботы,— объявлял клоун,— будет исполнена песня про зайцев! — И запевал песенку из фильма «Бриллиантовая рука».

— «А нам все равно! А нам все равно!..» — подхватывали рефрен зрители, размахивая руками. Клоун дирижировал залом.

Никулин хорошо играет на гитаре и поет. Сначала он пел в домашнем и дружеском кругу. Потом запел в фильмах, тем более что его персонажам необязательно было владеть голосом на уровне «Ла Скала». Потом он уже пел в театральной гостиной ВТО на вечерах, которые транслировались по телевидению. Это было веяние времени — интимные, домашние песни исполнять для миллионов слушателей. И наконец, запел на арене.

Думаю, что на нашей арене это происходило впервые. Клоун вдруг вышел за рамки реприз, как будто почувствовал их необязательность. И становился все более и более откровенным со зрителями. Как будто стирались границы между его клоунским образом и его человеческим «я». Он становился очень похожим на обычного человека, в своей домашней обстановке, в кругу друзей, для которых пел.

Юрий Никулин откликался на желание зрителей знать как можно больше об артисте, открыто шел навстречу этому желанию. В интервью или в телепередачах он часто рассказывал о жене, о сыне, охотно вспоминал какие-то домашние эпизоды, как ухаживал за своей будущей женой и как они поженились.

Теперь это норма, если популярный актер появляется, скажем, на телевизионном ринге и зрители могут задавать ему любые вопросы о нем самом, о его личной жизни. И чем откровеннее и проще ведет себя актер, тем ближе он становится зрителям. Но в наши чопорные шестидесятые годы естественность поведения Никулина почти ошеломляла. В его рассказах не было ни малейшего тайного умысла — понравиться зрителям. Просто он всегда говорил о том, что хорошо знал, и о тех, кого любил. Искренность Никулина — неотъемлемая часть представлений зрителей об этом клоуне. Каждый чувствовал, что он давно знаком с этим актером. И в самом деле, когда люди узнают его на улице, они не оглядывают его как кинозвезду, а вступают с ним в разговор как со старым знакомым.

Просматривая материалы, опубликованные в свое время о Карандаше, уже не говоря о его предшественниках, удивляешься: у них как будто никогда не было ни жен, ни детей и вообще ничего не было, кроме арены, гардеробной и размышлений о клоунаде. А если уж они переходили на личные темы, то их откровенность не шла дальше признаний, что они любят рыбную ловлю или фотосъемку. Это не мешало, между прочим, зрителям знать о них все — что было и чего никогда не было в их жизни...

Вообще от характера клоуна и от времени, в котором он работает, зависят финалы клоунских реприз.

В репризах Карандаша был не оставляющий сомнений, «стреляющий» финал. И в каждой его репризе, казалось, другого финала и быть не могло. Вспомним хотя бы, как он спускался из-под купола, с каната в сетку, безумно пугался, седел от страха, но все-таки благополучно добирался до арены. Таков его характер: с некоторыми потерями, но выйти победителем. У Лазаренко, клоуна двадцатых годов, репризы часто заканчивались лозунгом или даже резолюцией. Уже по названиям его номеров («Эволюция митингов», «Перерегистрация членов профсоюза», «Долой хулиганство!» и т. д.) можно представить себе финалы. Например, номер «Товарищеский суд» заканчивался обращением клоуна в зал: «Товарищи! Новая семья — это новые семейные отношения. В прежнее время мужчина смотрел на жену как на рабыню. А теперь мы смотрим на жену как на друга и товарища!»

В двадцатые годы такое обращение к публике было вполне уместно. Но вообразите, как реагировали бы зрители, если бы этот призыв произнес вдруг клоун Юрий Никулин в 1970 году. Чем серьезнее он старался бы это произнести, тем большее веселье вызвал бы в зале. Кстати, в фильме «Белое солнце пустыни» лозунг «Женщина — тоже человек!», украшающий стены гарема, рассчитан именно на смех зрителей.

Дискуссии и митинги были ежедневной практикой. Действием Лазаренко было слово. И он говорил много и громко. А у Леонида Енгибарова, клоуна шестидесятых-семидесятых годов, в концовках реприз был не восклицательный знак и не смешная точка, как у Карандаша, а, скорее всего, задумчивое многоточие и действие репризы не исчерпывалось последним актом клоуна на арене; оно как бы продолжалось в эмоциях и фантазии зрителей. Енгибаров осуществлял на арене то, что другие современные ему художники делали на сцене или на экране.

Лучшие репризы Юрия Никулина и Михаила Шуйдина тоже имели точный, как выстрел, финал. Никулин в своей практике — убежденный сторонник традиционно построенной клоунады. Вообще я думаю, что

Юрий Никулин по своим творческим принципам занимает в клоунаде серединное место между Карандашом и Енгибаровым. У него действительно много традиционного и много от принципов работы коверного сороковых годов — того, чему он учился у Карандаша: композиции реприз, финалы, мимические паузы. В то же время он был первым клоуном, который приблизился к трагикомедии. То, что он делал в фильмах, стало питанием для его маски, частью его клоунского образа. Но трагикомедия на арене — нет, на это он не пошел. В клоунской юности они пробовали с Шуйдиным сценку «Черный Том», но она не была принята зрителями, и больше Никулин не возвращался к сценкам с печальным финалом. Енгибаров рискнул на трагикомедию на арене. В его репертуаре был такой номер,— наверное, он даже не имел точного названия,— когда Леня пытался жонглировать тарелками, так же как это делали другие артисты, но ничего не получалось. А инспектор во фраке уничтожающе смотрел на него. Что было с клоуном! Новая попытка, новая надежда — и, увы, тарелки на полу. Он бился об инспектора, о его презрение, его неприятие как о гранитную скалу.

Между прочим,о драме на арене. Французский историк цирка Тристан Реми вспоминает такой эпизод. Когда Сара Бернар пришла в цирк посмотреть, как ее роль, как сцену смерти Клеопатры передразнивает знаменитый клоун Футтит, за кулисами началась паника. Все помнили, как она исхлестала кнутом Мари Коломбье, высмеявшую ее в «Мемуарах Сары Барнум». Можно было предвидеть реакцию актрисы, когда она увидит свой шедевр в исполнении клоуна. Футтит выходил в таком же рыжем парике и удачно имитировал движения актрисы. Только его Клеопатра, красиво умерев, вскакивала и пускалась в пляс. И весь Париж, накануне рыдавший на спектакле великой актрисы, на другой день над ней же смеялся в цирке... Сара Бернар сидела, не проронив ни слова. Но когда Футтит начал плясать, она не выдержала и рассмеялась...

Когда великий театральный актер достигает пределов в трагическом осмыслении сюжета, то этот трагический взлет сразу чувствует клоун цирка. Маска клоуна работает на самых тонких параллелях. Почти на грани неуловимого. Клоун мгновенно чувствует, что за этим пределом актерских возможностей, когда трагедия достигает высшего пика,— за эти пределом должна следовать комедия, что трагедия неминуемо сделает шаг в сторону комедии. И клоун этот шаг делает... И не случайно десятки, сотни пародий, комедийных сюжетов появилось вокруг Гамлета, Отелло...

Лучшие репризы Никулина и Шуйдина, придуманные в период расцвета этой клоунской пары, продержались в репертуаре долго. Дуэт был построен по принципу: Никулин соображает медленно. Про него французы сказали бы «лестничный ум», и внешность помогает ему — длинный, худой, с походкой снегочистки. Шуйдин был коренаст, довольно ловок, хитер, он постоянно ошеломлял своего партнера какими-то акциями, которые казались Никулину небывалыми. Но когда за дело брался он сам, то тут уже в глупом положении оказывался Шуйдин.

В репризах, несложных по сюжету, были тщательно отработаны все детали, это был каскад отличных деталей, не упущен ни один сюжетный поворот, который можно было обыграть жестом, мимикой, движением. А цирковой трюк имел для них вспомогательное значение. Они актеры, и это главное. Хотя бывало и так, что реприза уже придумана, а трюк, техника его исполнения еще долго заставляют их ломать голову. Например, все тот же бантик, которому надлежало в нужную секунду выскочить,— как это сделать? Экспериментировали на всем — веревочки, резиночки. В этой области мастером был Шуйдин. В конце концов он придумал этот злосчастный бантик, и репризу можно было показывать на арене.

Репертуар — проблема для всех клоунов. Но никогда еще парадоксальность поисков не была так очевидна, как на примере этой пары. Как над репризами работали Карандаш и Попов — это оставалось тайной для окружающих. Они соло-клоуны, и никто не знал достоверно, над чем они думают, какая мысль неясно вертится у них в голове. Даже больше — они из тех клоунов, которые в жизни не очень воспринимают юмор, а только юмор арены. Никулин другой. Он весь в ворохе анекдотов, смешных диалогов, встреч с самыми остроумными людьми, блестяще сам импровизирует шутки. Для наблюдателя это загадка: неужели из сотни анекдотов нельзя выбрать несколько, инсценировать их для арены — и очередной репертуар готов. Но Никулин остро чувствовал разницу между обычным юмором и смехом клоуна на арене... Клоун — это не сборник анекдотов и конкретных случаев, а комическое отражение времени, сфокусированный образ. Поэтому в хороших репризах мало конкретности, больше символов, обобщений. Для восприятия репризы нужен еще необъяснимый словами контакт зрителя с клоуном — в этом фокус, иначе реприза пуста; а смешной анекдот смешон сам по себе и безразличен к рассказчику, его логика отличается от логики клоуна.

Никулин в редких случаях брал репризы, придуманные литераторами, хотя те наперебой предлагали темы или сценки. Бывало и так, что автор прочитывал действительно смешную сценку. Пауза. После нее Никулин или Шуйдин говорили: «Да, конечно, это смешно... Но под что мы уйдем с манежа — под топот собственных сапог? Тут надо еще подумать...»

И они думали — долго-долго. Они вежливые люди... Клоун в период расцвета как будто кожей чувствует, что́ не к лицу его персонажу, и отвергает смех, не связанный именно с его образом.

Я не собираюсь прослеживать ни кинобиографию Никулина по годам, ни последовательность его творческого пути в цирке. Меня интересует только закономерность его появления и успеха, характерные штрихи его творчества. Среди фильмов Юрия Никулина серьезное значение для него имели: «Ко мне, Мухтар!», «Деловые люди», «Бриллиантовая рука», «Двадцать дней без войны». Один фильм стоит особняком — «Маленький беглец». В фильме — история маленького японского мальчика, который, убежав от провожатых, самостоятельно путешествует по нашей стране и приезжает в Москву, где собирается учиться музыке. В Москве он находит Юрия Никулина — с ним он познакомился в Японии, когда клоун там гастролировал. Я не оговорилась — с Юрием Никулиным, потому что в этом фильме клоун играет самого себя — артиста цирка Юрия Никулина — и появляется на экране без грима, в своем обычном платье. Никулин встречает усталого, заблудившегося мальчика. И клоун несет спящего мальчика на руках по ночному городу. В этот момент лицо его задумчиво и печально, он — само беспокойство и забота о ребенке. Именно он, клоун, ведет его за руку в консерваторию и напутствует в искусство. Кадры очень символичны. Вспоминая детство, вспоминают клоуна. А здесь — немного грустный клоун, лишенный красок манежа, думает о будущем мальчика.

По-моему, Юрий Никулин не стал бы так знаменит в цирке, если бы на его работу на арене не наложились работы в кино. И не стал бы так необыкновенно популярен в кино, если бы на всем, что он там делал, не лежала печать клоуна.

Однако, несмотря на огромное влияние его работы в кино, его клоунский образ жил какой-то самостоятельной жизнью и проходил через все стадии становления, расцвета и постепенного старения. Никулин вспоминает в своей книге:

«Когда Карандаш исполнял «Автокомбинат» с известными клоунами Демашем и Мозелем, то у них все проходило на смехе. Вот Демаш крутит ручку автокомбината, раздается треск, и Мозель так пугается и так дрожит от страха, что публика заливается смехом... У нас же Романов вертел ручку, я орал, пугался, дрожал, в зале — тишина. Пробовал бежать и, спотыкаясь о барьер, падать. Отбивал бока и колени — никакого эффекта. В зале полная тишина. Тогда Карандаш придумал следующее — он дал мне в руки авоську с пустыми консервными банками. Когда я бежал и с перепугу падал через барьер, банки с грохотом разлетались в разные стороны. Смех в этом месте возникал, но как далеко мне еще было до того искреннего, безудержного смеха, который вызывал Мозель!

Не получалось у меня и с первым выходом.

— Клоун выходит, и публика тут же должна встречать его смехом, тогда все пойдет как надо,— учил Карандаш.

Я появлялся на барьере в своем кургузом костюмчике, в канотье, и публика встречала меня не только молча, а, пожалуй, даже с некоторой жалостью.

— Никулин, попробуйте петь что-нибудь,— советовал Карандаш.

Я выбрал песню «Закаляйся, если хочешь быть здоров...» из кинофильма «Первая перчатка». Пел ее истошным голосом, отчего публика, сидящая близко, вздрагивала, а дети пугались. Как-то на одном из спектаклей решил петь песню не с начала, а со строчки «Водой холодной обливайся...». В слове «холодной» голос сорвался — слишком высоко взял. В зале засмеялись. «Ага,— думаю,— уже на правильном пути...» Так постепенно, по крупицам, выуживал смех у публики».

Так он начинал.

В последние годы своей работы на манеже Карандаш говорил:

«Нельзя начинать поиски с костюма или грима. Никакой самый яркий костюм или самый невообразимый грим сами по себе не вызовут смеха. Я часто убеждался, что, напротив, самый, казалось бы, обычный облик, самый простой костюм принимается зрителями, если в клоуне есть обаяние, если клоуна узнают. Ведь клоунский образ — это точный современный персонаж. И только когда увидишь и услышишь своего героя, свой прототип где-то на улице, можно «примерять» его на себя. И уже искать для него костюм. А как стать оригинальным, я не знаю. Открытия в искусстве всегда неожиданность и для окружающих и для самого создателя. Подражать кому-то нельзя. Просто нет смысла.

Как-то я видел выступление молодого клоуна. Все смеялись, а мне было не смешно. Я не мог найти ни одной ошибки в его репризах, но, по-моему, что-то было не так. И даже когда выступает мой любимый Юра Никулин, который все делает прекрасно, мне иногда кажется, что эти репризы надо делать иначе. Я начинаю ему объяснять, как это, на мой взгляд, должно быть. Он терпеливо выслушивает, говорит: «Да, да, конечно, Михаил Николаевич, я понимаю. Наверное, вы правы». И все делает по-своему. Потом я снова его вижу и снова ему что-то говорю. И тогда я понимаю, что каждый клоун чувствует и выражает смех по-своему, сколько б ему ни объясняли, что нужно так, а не эдак. Если тему, по-моему, надо выразить движением левой ноги, то Никулин уверен, что ему достаточно подморгнуть правым глазом. Впрочем, то, что было смешно вчера, уже не смешно сегодня. А может быть, меняется сам смех?..»

Очень долгие годы Никулин и Шуйдин работали с успехом, с постоянно нарастающим успехом, и немногочисленные репризы их репертуара все время нравились зрителям. (Значит, маска была современной.) Но пришел момент, когда клоуны почувствовали: с репризами стало трудно, старые показывать больше нельзя, они основательно использованы. Как я уже говорила, работа в кино приучила Никулина к большей раскованности, расшевелила и изменила его клоунский персонаж. Расстановка сил в дуэте изменилась. И уже теперь его герой чаще оставлял партнера в дураках. Но главное, он давно перестал быть «балбесом». Его герой приобрел черты человечности, остроумия, более активной жизненной позиции. Он все больше приближался к тому представлению, какое было у зрителя об актере и человеке Никулине.

Мог ли «балбес» еще долго существовать на арене? Мог! Потому что был очень смешон. Он был бы самым смешным в каком-нибудь трио клоунов. Но по характеру своему, по замедленности реакции такой персонаж не мог стать лидером на арене шестидесятых годов. А у актера Юрия Никулина были все данные, чтобы стать лидером в эти годы. И незаметно для себя он отказался от своего героя. Недотепы были и будут, но в наше время они обречены на неудачи. А зрителям все больше нравились персонажи активные, пусть даже не всегда благородные в своих устремлениях.

Наконец Юрий Никулин и на арене постепенно становится исполнителем конкретных ролей. Раньше эта клоунская пара была безразлична к сюжету, в репризах для нее были важны детали, полутона, спокойный ритм — все, что помогало проявлению двух характеров. Теперь большинство реприз становилось злободневными (в них все большее значение приобретал сюжет, диалоги), а клоуны — исполнителями ролей (торговцев яблоками, «морителей» тараканов, слесарей и т. д.). Все это признаки того, что маски уже что-то пропускали — промежутки приходилось заполнять злободневными сценками.

Злободневность клоуна высоко ценится зрителями, а для России это традиция, отличительная черта нашей школы клоунады. Но, по-моему, непреходящая сила клоунов — в общечеловеческих темах и проблемах, в человеческих характерах, которые они создают. Лучшие репризы популярных клоунов непременно глубоко и скрыто социальны и выражают нравственную суть, моральный кодекс общества. Есть поверхностная социальность — она касается лишь мелких недостатков, нарушений морального кодекса. Она выражается в появлении персонажей «временных», преходящих, как, например, слесарь-хапуга, грубый продавец, жулик и т. д. Говоря «злободневность», я имею в виду именно эту сиюминутную социальность.

...Никулин и Шуйдин продают на базаре яблоки. На руки Никулина вешаются чашки весов, и теперь он — живые весы. Задача такая: на одну чашку кладется килограммовая гиря, а на другую — одно яблоко. И это яблоко во всех случаях должно перетянуть гирю. Так они торгуют, а не нравится — можете проваливать на все четыре стороны. Подходит покупательница.

— Вам что, мадам? — спрашивает Шуйдин.

— Мне сто грамм яблок,— отвечает она.

— «Сто грамм»? — иронизирует Шуйдин. Тоже мне покупательница. Он кладет на весы самое маленькое яблочко и гирьку в сто граммов. «Весы» не тянут. Шуйдин удивленно смотрит на Никулина — ты что, забыл о нашем уговоре? Под взглядом покупательницы ему приходится положить еще одно яблоко. Весы неподвижны.

— Не тянет,— говорит женщина.

Шуйдин «проверяет» весы. Кладет еще яблоко. Весы неподвижны.

— Ну что ты делаешь?! — восклицает Шуйдин и кладет яблоко за яблоком.

Никулин непроницаем.

— Ну что ты делаешь?! — повторяет в отчаянии Шуйдин.

Все яблоки из ящика — на весах. И только теперь гирька в сто граммов поползла вверх. Яблоки переложены в корзинку покупательницы. «Да это же разбой!» — так и хочется сказать Шуйдину.

— Ну что ты делаешь? — говорит он в последний раз,— он никак не может сообразить, что произошло.

— Тихо-тихо,— отвечает человек-весы,— это моя жена.— И под руку с покупательницей уходит...

...Женщина вызвала на дом специалистов по уничтожению тараканов. И два мастера приходят и берутся за дело, хотя странным способом. Они бьют в барабан, и тараканы выползают из-под дивана и строем идут прямо в ящик, приготовленный мастерами. Женщина в восторге. Она платит деньги и благодарит.

— Мало,— говорят мастера.

Женщина добавляет еще пять рублей. Но им опять мало. Больше женщина не хочет платить. Ах так? — И мастера снова бьют в барабан, и тараканы, как по команде, ползут под диван.

— У вас мыши есть? — спрашивают мастера.

— Нет,— растерянно отвечает женщина.

— Нет — так будут.— И мастера пускают под диван мышонка и уходят...

Вот две типичные злободневные репризы. Два злободневных персонажа, какие могли бы появиться в интермедиях театра миниатюр, в сатирическом киножурнале «Фитиль». Балбес постепенно стал очень приспособленным и ловким жуликом... Если уж говорить точно, то первоначальная маска Никулина раздвоилась или просто распалась. И в последних репризах было как будто два Никулина: один все отдавал за букет, а другой лихо надувал компаньона. А начался этот распад, эта трансформация с той самой репризы «Розы и шипы», где соединились лиричность и трогательность, так подкупающие в палитре Никулина; но подкладка всей истории, ее фон были слишком бытовые.

Юрий Никулин — обаятельный актер и обаятельный человек. Доброта и обаяние стали легендой этого клоуна. И потому постепенное старение его маски тоже было обаятельно, окружено уважением. Каждый вечер Юрий Никулин и Михаил Шуйдин выходили на арену. Только вот репризы в последнее время они стали делать в более быстром темпе, чуть торопливо, как будто им самим они стали менее интересны, чем прежде.

В книге Юрия Никулина «Почти серьезно...» есть такой эпизод:

«Около служебного входа в цирк, тускло освещенного круглым фонарем, стоял пожилой человек в пенсне, одетый в черное, застегнутое наглухо пальто. Из-под каракулевой шапки пирожком виднелись благообразные седые виски.

— Простите,— начал он, увидев меня, выходящего из цирка,— вы не могли бы уделить мне немного времени?

После трех воскресных спектаклей никакого настроения с кем-либо говорить у меня, конечно, не было. Скорее домой, попить чаю да спать...

— Я не любитель цирка. Но вас решил посмотреть. И смотрел не один раз. Признаюсь вам откровенно, я потрясен.

Я улыбнулся, заранее ожидая комплименты. Мысленно уже подбирал ответные фразы. Привычное «спасибо» или ироническое «ну, так ли уж...».

— Да, я потрясен! — продолжал мой незнакомец уже с пафосом.— Как вы, талантливый, культурный, умный человек, решили связаться с цирком, который вас губит и уничтожает?.. Как вы, сыграв такую психологически глубокую роль в фильме «Когда деревья были большими», опустились до этого?

— До чего «до этого»? — наконец спросил я.

— Выходить в нелепом костюме, изображать дурака. Вы ведь на арене, простите, дурачок... Ведь это же абсурд: прикреплять выстрелом своему партнеру бантик, извините... на его зад. А эта глупейшая фраза: «Снимаем обыкновенную шляпу с необыкновенной головы»?

— Но ведь смеются же,— неуверенно сказал я.

— Да потому что вы — дурак, извините. Смеются над дураком. Разве вы получаете удовольствие от этого?

— Получаю,— ответил я уже твердо...

Я — клоун.

Я получаю радость, когда слышу, как смеется зал.

Я получаю радость, когда вижу улыбки детей и взрослых.

Я получаю радость, когда после наших реприз раздаются аплодисменты...

Иногда мне снится страшный сон. Я работаю на манеже. Полно зрителей. Я делаю какие-то смешные трюки, много трюков, но никто не смеется. Публика хранит абсолютное молчание. Я уже делаю что-то невообразимое. Кругом тишина. Я снова пытаюсь рассмешить людей. А они сидят словно каменные.

Мне страшно. И от страха я просыпаюсь в холодном поту. И потом еще долго не могу заснуть. А в доме тихо-тихо. Все спят. Еще не утро. Но уже и не ночь. И я невольно вспоминаю свою жизнь: детство, службу в армии, первое выступление... И, вспоминая, тихо засыпаю, надеясь, что этот страшный сон больше не повторится...

Раньше мне казалось, что многоликая масса зрительного зала только и ждет от тебя промаха, чтобы с радостью засвистеть, затопать ногами. Проработав пару лет, я понял, что ошибался: народ приходит к нам доброжелательный, настроенный по-доброму, щедрый на аплодисменты.

Публика! Она ведь для нас самое главное. Мы репетируем и ломаем голову, придумывая новые трюки, переживаем и мучаемся, когда что-то не получается, и все это ради зрителей, ради уважаемой публики...»

Так написал о себе артист. Существует рассказ о клоуне, который страдал неизлечимой меланхолией.

Испробовав разные способы лечения, врач предложил ему сходить в цирк, на выступление известного клоуна. «А я и есть этот клоун»,— ответил он... Если это выдумка, то очень похожая на правду, потому что многие клоуны вне манежа — люди замкнутые, со сложными характерами. Еще бы, тридцать-сорок спектаклей в месяц, а ежедневно — две-три тысячи зрителей, которых нужно рассмешить... Какая огромная затрата душевных сил и эмоций! Да и сама специфика этой профессии... И клоуну необходимо «отключиться», отдохнуть между представлениями. Клоуны часто погружены в свои профессиональные интересы, с ними трудно общаться вне манежа.

Юрий Никулин иной. Он любит жизнь, многое в этой жизни. Сам он сказал так: «Люблю читать на ночь книги, раскладывать пасьянсы, ходить в гости, водить машину. Люблю остроумных людей, песни (слушать и петь), анекдоты, выходные дни, собак, освещенные закатным солнцем московские улицы, котлеты с макаронами...» Он любит шутки, анекдоты. Так уж получается: где бы он ни оказался, все ждут этих шуток от него. И он всегда оправдывает ожидания, каким бы усталым ни был. Он любит доставлять людям радость. Это отнюдь не журналистская фраза, что люди, встретившись с ним, сразу начинают относиться к нему как к старому другу. Он с одинаковой легкостью находит общий язык с совсем маленькими детьми, школьниками, журналистами, актерами, академиками и чиновниками разных ведомств, милиционерами (он создал на экране прекрасный образ милиционера), и даже — после фильма, где он сыграл роль вора,— к нему подошел квартирный вор и сказал: «Юра, ты все делал неправильно. Вот тебе мой телефон, позвони, и мы тебя возьмем «на дело» вместе с нами, и ты научишься действовать правильно...» Его дружбы ищут, его добротой пользуются. В нем воспитано обостренное чувство справедливости. Трудно вообразить, с какими неожиданными просьбами обращаются к нему люди. А в цирке? В любой конфликтной ситуации всем ясно, что только Юрий Владимирович сумеет ее мягко разрешить; спор на заседании художественного совета — его мнение будет решающим; вопрос о строительстве цирка,— конечно, в Моссовет должен пойти Никулин, только он сумеет договориться о кратчайшем сроке. Просмотр выпускников училища — без него нельзя, ведь его отзыв самый доброжелательный. Наверное, в нашем цирке на протяжении многих лет не было другого человека, который бы так достойно представлял сам цирк. Другие корифеи в лучшем случае достойно представляли самих себя. Овеянный добрым юмором его рассказов, сам цирк стал ближе и понятнее людям.

У него такая привычка — на большом листе бумаги записывать, какие дела надо сделать в течение дня. И каждый день набирается около тридцати пунктов. А сколько еще возникает непредвиденно. И если он успевает сделать за день хотя бы половину, то это хорошо.

С утра он выходит гулять с собакой. И школьники, бегущие как раз на уроки в школу по соседству с его домом, любят переброситься с ним хотя бы несколькими фразами.

— Доброе утро, Юрий Владимирович! Вот вы много лет проработали в цирке,— скажите, можно ли поймать тигра в клетку?

— «Тигра в клетку»?

Он чувствует подвох. На ребячьих лицах такое ожидание. И он говорит именно то, что они ждут от него:

— Можно. Надо положить в клетку приманку, открыть дверцу...

— А вот и неправильно! Неправильно! Поймать тигра в клетку нельзя, можно только в полоску.

И, счастливые, что они разыграли самого Юрия Никулина, они убегают. А он думает: «Это надо запомнить — «тигра в клетку»... Молодцы... Что у меня сегодня? «Мосфильм», заседание редколлегии журнала «Огонек»... В цирке — просмотр новых номеров... Потом придет режиссер с телевидения... Опять успею только половину...»

ЛЕОНИД ЕНГИБАРОВ

КЛОУН-ПОЭТ

«В каждом из нас, даже если мы в этом не сознаемся, живет мечта о сказке, в которой возможны полет без пропеллеров и турбин, где вещи подчиняются людям, а не наоборот, где смех вдребезги разбивает серость, ординарность и скуку. У этой сказки много названий, и одно из них — цирк...».

Так писал о цирке Леонид Енгибаров. Он был уверен, что цирк — сказка, и у него самая романтическая профессия. Во всяком случае, он умел сделать их такими, что бы ни говорили вокруг о грубости цирка и клоунов. Енгибаров был одним из лучших клоунов нашего времени, и для нас очень важно, что его талант состоялся. Влияние его огромно. После Леонида Енгибарова цирк уже не мог быть таким, как прежде. Он оставил яркий след, и многие клоуны так или иначе старались на него походить или даже откровенно подражали ему. Но он не похож ни на кого.

Его талант раскрылся к концу шестидесятых годов. В этот период на манеже с успехом работали разные клоуны и нисколько не мешали друг другу. Время было многоинформационно. И его не мог полностью выразить один клоун. Еще не так давно пятнадцать лет подряд мог первенствовать Лазаренко; затем около двадцати лет несомненным лидером был Карандаш. Это было «время единиц». Несколько популярных киноактрис, и первая среди них — Любовь Орлова; несколько эстрадных певиц, самая любимая — Клавдия Шульженко; несколько известных режиссеров и кинорежиссеров; несколько писателей — все они вполне олицетворяли собой искусство этого периода. Но стоит лишь кинуть взгляд на эстрадные и театральные подмостки тогда и теперь, когда признанных кумиров десятки,— и разница становится очевидной. Протяженная, длительная популярность «единиц» была возможна еще и потому, что увидеть любимого артиста можно было только в цирке или в концерте. Часто ли жители страны могли увидеть Карандаша? О нем больше рассказывали. Но все стремились увидеть, и гастроли столичных знаменитостей в провинции становились событием для города. Так было и с известными актерами театров. А сегодня актера одновременно видят более двухсот миллионов телезрителей. Актеру, особенно эстрадному или цирковому, трудно долго продержаться. Когда актер становится известен, зрители его хотят как можно чаще видеть, и телевидение предоставляет им такую возможность. От актера ждут, требуют чего-то нового, а он это новое дать не успевает. Телеэкран быстро проясняет запас духовных и творческих сил. Современная система информации ускоряет и рост славы и ее спад. У каждого из талантливых клоунов шестидесятых годов были свои излюбленные сюжеты или совершенно разные решения одного сюжета. Они были разными героями своего времени.

Можно сказать иначе: в шестидесятые-семидесятые годы у каждого клоуна был свой зритель.

Я не сравниваю Леонида Енгибарова ни с Олегом Поповым, ни с Юрием Никулиным, с которым у него были некоторые черты сходства. Но Никулин и Енгибаров не были конкурентами и совершенно не мешали друг другу — они рассказывали о разных сторонах человеческого «я». А если еще точнее, они рассказывали вообще о разных людях. Мало того, что Юрий Никулин постоянно выступал в дуэте,— он в принципе не мог обойтись без активного общения с партнером, с ведущим, с кем-то из зрителей или со всем залом сразу. Его персонаж — член общества, неотъемлемая его часть, кем бы он ни был в репризах — влюбленным с букетом цветов, человеком-весами и т. д. Он выражал общественное, коллективное мышление, то, что членов общества объединяет. А Енгибаров, даже когда общался с кем-то на арене, оставался сам по себе, один. Его интересовали мысли и душа человека, его внутренний мир. Причем человека интеллигентного. Енгибаров — клоун-интеллигент. Некоторые критики считали, что главная тема Енгибарова — одиночество.

Но, по-моему, клоун играл не одиночество, а, скорее, человека наедине с самим собой. Он как будто не ощущал, что находится в присутствии нескольких тысяч зрителей, но невольно заставлял их сопереживать своим мыслям и чувствам. И даже когда он вовлекал в свои действия партнеров, зрители все равно следили не за поступками, а за ходом его мыслей и чувств.

Леонид Енгибаров писал о поисках своей маски: «Мы отказались начисто, что вполне понятно, и от свойственных образу Чарли трагических интонаций: затравленности, одиночества и тоски. Правда, меня иногда называют в рецензиях «клоуном с осенью в сердце». Это, возможно, вызвано тем, что в моем репертуаре есть несколько интермедий, где мой герой грустит. Я уверен, что для клоуна здесь нет противоречия. Чарли блестяще доказал в своих фильмах, что смешное нередко соседствует с печальным. И манеж, как я думаю, тоже не должен чураться грустного. Но поскольку грустное в цирке встречается редко, оно более заметно. И естественно, что рецензенты как раз и обратили внимание на эту особенность моего репертуара».

«Мы» — это Енгибаров и Юрий Белов, его режиссер, много сделавший для становления маски.

Задача почти непосильная — объяснить индивидуальность, процесс творчества большого актера. Можно написать десятки страниц, и все равно это окажется равным трем словам: «Он большой актер». А Енгибаров был большим клоуном. Он прекрасно владел пером, и, конечно, лучше предоставить слово самому клоуну. Хотя и он, умея точно объяснить свой замысел, никак не мог увидеть себя со стороны и передать то впечатление, которое оставлял у зрителей, образы и ассоциации, какие рождались у них. Он только чувствовал это. Его записи очень интересны, но все-таки беднее того впечатления, какое производил он на арене. Объяснение может быть простым: Енгибаров-писатель не мог подняться до той степени откровенности, до какой поднялся Енгибаров-клоун, или не захотел.

Вот что говорит клоун о своей репризе «Тореадор»:

«Пантомиму «Тореадор»... я решил перекроить в клоунаду. В эстрадном варианте бык в силу условности жанра был воображаемый. В цирке же мы сделали бутафорского быка. Его играли мои партнеры. На первом же цирковом представлении, как только в финале корриды моя шпага пронзила быка, я сразу же почувствовал, что допущен серьезный просчет. Одно дело, когда я с плачем склонялся над поверженным животным, лишь условно существующим на сцене, и совсем другое — когда на опилках валялся зримый бык с торчащей между рогов стальной шпагой. Получилось грубо, натуралистично. И вовсе не смешно.

Пришлось в корне переделывать номер.

В первую очередь нужно было учесть предметность реквизита. Я решил предельно заострить комедийное положение. В новом варианте бык стал очень агрессивным, а тореадор, наоборот,— робким. В схватке ему с большим трудом удается вылезти из-под навалившейся на него туши. И тут тореадор-новичок обнаруживает, что насквозь проткнут шпагой. Я понял: в этот момент на моем лице не должно быть гримасы боли, а лишь смущение и досада. С грустным укором я гляжу на неуклюжее животное. А бык, уходя с манежа, виновато «пожимает плечами», как бы говоря: я здесь ни при чем... Таким образом, в новом финале происходит пародийное обыгрывание жестокого зрелища — корриды».

В этой репризе весь Енгибаров. Его человечность, мягкость, тонкость. Он всегда был такой и, даже «умирая» на арене, чувствовал неловкость и смущение. Он всегда играл это чувство вины перед кем-то.

...Клоун безумно хочет пить, но кувшин с водой подвешен высоко на лонже. Ему приходится с невероятными трудностями, срываясь и падая, как это умеет делать клоун, доставать его. Наконец кувшин в руках. Собирается выпить — и тут выбегает пятилетняя девочка и просит у него воды. Клоун отдает ей кувшин. Девочка поливает песочек, чтобы лучше получались «куличики». А клоун смотрит, как она это делает, молчит и улыбается. Если бы вариации на тему кувшина с водой создавал Карандаш, то, конечно, вода была бы пролита, а черепки он предъявил бы инспектору, обвинив его в том, что произошло. Если Олег Попов — он умудрился бы вертеть кувшин вверх дном, а потом с удовольствием из него напиться. А Никулин и Шуйдин — оба остались бы ни с чем, хотя каждый из них показал бы партнеру, насколько он сообразительнее и лучше знает, как обращаться с кувшинами.

Реприза Енгибарова прекрасно выражает суть его маски.

В искусстве цирка форма не может быть убедительной и произвести впечатление на зрителя, если в содержании нет той человеческой непосредственности, того удивления, которое свойственно самим зрителям. И в этом смысле клоун едва ли не самая непосредственная, искренняя фигура в искусстве вообще.

Енгибаров — клоун-поэт. И это вторая причина, почему талант его состоялся в эти годы. Именно в шестидесятые поэты его поколения уверенно заявили о себе. Это было поколение, детство которого опалено войной. А теперь наступила их юность и молодость. Поэтический всплеск этого поколения был очень ярок. Поэзия прошла через музыку, драматургию, живопись и клоунаду. Когда расцвела поэзия Вознесенского, Евтушенко, Ахмадулиной, Окуджавы и других поэтов этой плеяды, Леонид Енгибаров впервые заявил о себе как о талантливом клоуне и, гастролируя в Москве, впервые заслужил аплодисменты столичной публики.

Он почувствовал поэтический воздух времени и выразил поэзию времени в репризах. Все, что он делал на арене, можно записать стихами,— так о нем говорили.

Для большинства известных клоунов точность их реприз, точность попадания почти всегда связана с интуитивным поиском. Енгибаров в этом отношении — совсем другая фигура. Далеко не ясно, чего больше было в нем — интуиции, свойственной клоунам, или сознательного поиска художника... Он дружил с лучшими поэтами, писателями и художниками своего поколения. Часто они приходили к нему, смотрели его выступления, советовали, спорили — словом, он был в курсе всего того, что происходило в литературе и искусстве. Поэт тем крупнее, чем больше он впитывает в себя соков окружающего мира, а затем передает их в произведениях. Многие клоуны неинтересны именно потому, что у них нет глубокого знания мира. И, сделав что-то второстепенное и, по сути, уже вчерашнее, они распространяются о том, что цирк — это особенное искусство, а их клоунады, фотографически фиксирующие факты,— это сама реальность, сама жизнь. По их мнению, это реализм. Лев Толстой называл это провинциализмом. Он писал, что не следует путать реализм с провинциализмом в искусстве. Провинциализм — такое изображение времени, какое не беспокоит современников.

Выразить время, которое уже ушло или которое сам клоун не чувствует, невозможно, тем более — выразить непосредственно, искренне. Провинциализм в искусстве всегда оборачивается ложью. В одном из интервью Пикассо сказал, что он рисует мир таким, каким его мыслит. Во всяком случае, в этот момент он его чувствует и мыслит так, как изображает...

Енгибаров постоянно читал, ходил на выставки, слушал музыку. Он говорил, что когда у него появлялось ощущение, что нужно что-то новое и ему чего-то не хватает, что он весь «выговорился», то в этот период он особенно жадно читал стихи и ходил по выставкам. Он писал лирические новеллы и одно время даже говорил, что клоунада — его хобби, а писательская работа — главное. Впрочем, в другой период он говорил, что дело его жизни — пантомима. Он мечтал в театре сыграть Сирано де Бержерака.

Енгибаров не только по духу был близок художникам других видов искусства,— он был близок и по почерку. В нем не было той обособленности, отгороженности, какой обычно отличаются клоуны цирка. Он не противопоставлял цирк другим видам искусства, а, напротив, приближал его к ним.

В жизни большого художника подчас бывает что-то смешное для остальных, клоунское. Выражая себя, писатели, художники нередко обращаются к образу клоуна. Пикассо и Сезанн — слава их начинается с Арлекинов. А поздний Пикассо, рисуя портрет своего сына, увидел его в образе Пьеро... Художников иногда называют клоунами. Но клоунов поэтами — никогда или почти никогда. В клоуне всегда достаточно грубости.

«Как-то мне пришлось спорить с одним журналистом, который утверждал, что на манеже никаких тонкостей, никакого отношения к образу быть не может. «В кино, в театре,— говорил он,— другое дело. А у вас этого просто никто не заметит, напрасно стараться...» «А Юрий Никулин,— возразил я,— чудесный, тонкий комик. Всей своей практикой он убедительно опровергает подобного рода утверждения. Вспомним его пантомиму «Цветы». За комичными поступками никулинского персонажа — простодушного и нескладного влюбленного — нам постоянно видится отношение художника к своему герою, слегка ироничное и вместе с тем теплое...» — писал Енгибаров в одной из статей.

Образ, который создавал Енгибаров, был настолько тонок и изящен, что рядом с ним многие клоунские номера выглядели грубыми. После Енгибарова мир цирка стал другим, прежняя грубость слишком режет глаз.

Разумеется, поэтическим настроем клоуна продиктован и его репертуар.

«Может быть, то, что я скажу, слишком субъективно, но мне кажется, что в цирке после воздушных гимнастов, которые, рискуя жизнью, легко и красиво совершают свои полеты, после канатоходцев, с их головокружительными переходами под куполом, вдруг выйти в манеж с репризой: «Я лезу наверх снимать с потолка цифры для бухгалтера-очковтирателя» — это значит убить всю сказочность, всю романтику циркового представления. Принцип «утром в газете, вечером в куплете», на мой взгляд, скорее, относится к эстраде, чем к цирку. Использовать манеж для того, чтобы сказать: «Сегодня у нас в бане не было воды»,— значит низводить цирковое представление до разряда рабочего заседания жэка».

Так писал Енгибаров, основываясь на своем печальном опыте. Он пробовал делать «бытовые» репризы, но они у него не получались. Вернее, не принимались публикой. Например, в репризе «Стирка» он играл мастера прачечной. И хотя все было проверено по деталям, публика не приняла номер. Как предполагал клоун, ей было непонятно, почему он, клоун, который весь вечер был таким мягким, тонким, вдруг превратился в грубияна и негодяя. Это никак не совмещалось с его интеллигентным образом.

Обычно клоуны смеются над чем-то уродливым, некрасивым в человеке. Енгибаров сумел рассказать о красоте.

Уже упоминалась реприза «Скрипка», которая имела огромное значение для его творчества... Клоун выходил со скрипкой, пробовал на ней играть; несколько неосторожных движений — и скрипка сломана... Если Карандаш в своем номере «Случай в парке» смеялся, не жалел о разбитой статуе Венеры и заставлял смеяться зрителей, то для Енгибарова сломанная скрипка — это горе, безвозвратная гибель чего-то прекрасного. И еще чувство вины... Он прижимает к груди сломанную скрипку и уносит ее как больного ребенка. В этот момент никто в зале не смеется. Молча уходит клоун, молчит зрительный зал... Так непривычно, не по-клоунски кончается реприза. В эти годы цирковые комики как раз задумывались над тем, почему финал обязательно должен быть смешным. Разве не имеет права клоун заканчивать репризу печальным поворотом?.. А что если нарушить вечные правила?..

Они были правы. Финалы литературных и художественных произведений в эти годы отличались незавершенностью, недосказанностью и были рассчитаны на активную фантазию зрителей или читателей. После предпринятой в пятидесятых годах попытки показать номер с грустным финалом («Черный Том») Никулин к печальным темам не возвращался. Извечный соблазн драматического актера сыграть Гамлета, соблазн клоуна — сделать грустную репризу, потрясти зрителей до слез. Сам образ Енгибарова предполагал неординарное решение любой темы. И кроме того, он не играл какое-то конкретное действие, сюжет или поступок, а потому и реприза не могла быть совершенно законченной и исчерпанной. К сюжету он был довольно равнодушен, понимая необязательность сложных сюжетных построений для существования клоуна в программе. Говорят, есть такая закономерность: чем больше внимания клоун уделяет разработке сюжета, тем меньше он клоун. Для клоуна важно передать человеческое состояние. Как только маска клоуна перестает точно передавать состояние современного человека, что-то упускает, клоун, ощущая это, мгновенно хватается за спасительный сюжет. Мы это уже видели и у Карандаша и у Олега Попова.

Енгибаров играл внутренний мир, размышления человека, и это не укладывалось в привычные рамки цирковых традиций. И финалы его реприз производили более глубокое впечатление, чем привычные трюковые концовки. Его репризы моментально запоминались зрителями. И даже в тех, что заканчивались трюком, после которого оставалось только уйти, Енгибаров находил еще какой-то поворот, деталь — и она оказывалась сильнее трюка, только что исполненного. Например, выходил, жонглируя зонтиками (он мастерски владел жанрами цирка), а, заканчивая репризу движениями жонглера, клал зонтики один рядом с другим и уходил. Клоунский выход вполне завершен. Зрители аплодировали. Но клоун возвращался в манеж, подходил к сиротливо лежащим на ковре зонтикам и мысленно, по его признанию, произносил такой монолог: «Мои маленькие друзья, не думайте, что я вас бросил, не обижайтесь, я не забыл вас, мои верные помощники...» Затем собирал зонтики и, прижав их к груди, как заснувших малышей, на цыпочках уходил с манежа...

Такие человеческие детали у него везде. И всякий раз найденная деталь меняла смысл номера.

В репертуаре Леонида Енгибарова был классический номер «Бокс». Вариации на тему бокса делали все известные и малоизвестные комики, каждый посвоему компилировал, что-то добавлял. Все зависело от личности артиста — и номер был то остроумным, то жестоким, то грубым зрелищем. Конечно, Енгибаров учитывал свою внешность и выбрал партнером здоровяка с мощной мускулатурой, чтобы на его фоне выглядеть чуть ли не заморышем. Ведущий предлагал Лене (так он называл себя на арене) заняться боксом, и партнер-противник уже усиленно тренировался и разминался. Инспектор манежа давал Лене перчатки, тот с недоумением рассматривал их, не зная, для чего они нужны. Ему объясняли. Но он все-таки не понимал. Ему еще раз объясняли и ставили напротив здоровяка. Само собой, тот сшибал его одним ударом. Леня обижался. Но ему опять объясняли, что таковы правила игры и бой надо продолжать. Он вставал, снова подставлял себя под удары, так и не поняв, что же происходит. Противник победил. Но для полного торжества ему хочется еще раз доказать публике свое превосходство, ведь он тоже понимает, что победа оказалась слишком легкой. Леня чуть не мертв. Его даже трудно поставить на ноги, чтобы можно было ударить снова. И в этот момент какая-то девушка бросает ему цветок. Противник демонстративно наступает на него ногой. Цветок раздавлен. Оскорблена девушка, оскорблен Леня. Теперь для него все решено — он будет драться насмерть. И он налетает на противника так энергично, что тот, совсем не ожидая этого, падает. Встает,— но Леня с неизвестно откуда взявшейся силой атакует. Это смешно, потому что он так и не понял правил игры. Град ударов. Противник нокаутирован. Но падает и победитель, обессилев. И инспектору ничего не остается, как за ноги уволочь его за кулисы...

Зрители понимали, что этот поединок принципиален, что справедливость восстала против насилия и грубости, хотя все действия Лени — это действия клоуна. Енгибаров умел банальную конкретную ситуацию поднять до высокого обобщения.

Карандаш, в лирическом настроении, посматривал из-под полы пиджака на девушку, конфузился по-деревенски, застенчиво прихорашивался — в годы его молодости стыдились открыто говорить о своих чувствах. Но время становится все более искренним. И вот Никулин, романтически влюбленный,— не кокетничает шутки ради на арене, он влюблен всерьез. И пользуется взаимностью. Но только ситуация его репризы «Розы и шипы» нарочито бытовая. В номере просматривалась возможность и другого финала: девушка, не получив букета цветов, уходит, а клоун остается один. К счастью, Юрий Никулин избежал соблазна остановиться на этом традиционном решении.

Для Енгибарова даже не любовь, а просто цветок, брошенный незнакомой девушкой, ее мимолетное участие могут стать поворотом для драмы, где трагическая развязка вполне вероятна. Нарушено его представление о мире. И он готов к смертельному поединку. И речь идет не о физическом превосходстве, а о самых высоких человеческих принципах. Трагическая тень незримо присутствует. Громила мог его убить, и тогда клоунада закончилась бы «похоронной процессией»; словом, все было бы так, как порой бывает в жизни, когда грубость и жестокость оказываются сильнее. «Бокс» на арене завершается смешно. Но помимо сыгранного финала допустим и тот, который мы себе вообразили.

Итак, герой Енгибарова готов жертвовать собой ради людей незнакомых ему. Артист как-то рассказывал о своем номере со статуей, где статую должен был изображать он сам. Девушка, которая понравилась клоуну, приходила в парк с другим. Клоун смущен, ему некуда спрятаться, и он встает на пьедестал, изображая статую. Девушка и ее спутник на скамейке около «статуи» целуются. Клоун плачет, а влюбленные решают, что пошел дождь, и раскрывают зонтик...

У Енгибарова уже был вариант номера со «статуей», где клоун, стоя на пьедестале, наказывал возлюбленного девушки. По мнению клоуна, тот недостаточно галантно себя вел. Енгибаров почувствовал неточность решения и снял временно номер с программы. Еще один пример, подтверждающий, что не сам сюжет, а современность его трактовки определяет успех номера. Здесь Енгибаров пошел по традиционному пути решения номеров со статуями, которые кого-то тузили, колотили,— и попал в другой век.

Настоящий клоун знает, как трудно найти удачную комическую деталь и преподнести ее зрителям. Енгибаров умел находить такие детали, которые определяли композицию репризы.

Енгибаров придумал игру с микрофоном, когда вдруг во время спектакля ему понадобилось удлинить паузу между номерами, а под рукой не было никакого реквизита. Клоун взял из рук инспектора микрофон и начал импровизировать: поднес микрофон к своему сердцу, и зрители услышали его стук, потом стал прослушивать сердца зрителей, имитируя разные ритмы. Это вызвало смех. Потом он снова «прослушивал» себя: сердце не билось. Клоун пугался, пытался выяснить, что случилось...

Наверное, нет теперь клоуна, который бы не создал свой вариант игры с микрофоном или не построил хоть одну из своих реприз на цветке, брошенном на арену. Вряд ли это можно назвать открытым заимствованием. Находки Енгибарова оказались очень яркими. Детали были очень точны, и клоуны не могли ими не воспользоваться. Только в их репризах цветок иногда выглядел уже сентиментально. А Енгибаров никогда не был сентиментальным. Во всем, что он делал, была ирония современника.

В репризе «Олимпийские медали» Леня выходил на арену, чтобы показать, как он умеет балансировать на катушках. Есть такой жанр: на катушку кладется дощечка, которая вот-вот слетит, а артист должен удержать равновесие, встав на нее. Эквилибристы высокого класса кладут не одну, а четыре-пять катушек, перпендикулярно друг другу, и поднимаются на это нестойкое сооружение. (Енгибаров балансировал на пяти, он во всем хотел достичь высокого результата.) Но вот Леня попробовал удержаться, не упасть... Не получилось... Катушки рассыпаются. Он снова пробует. Снова не получилось. Он сердится и, видно, говорит самому себе разные нехорошие слова. Наконец вышло! Он балансирует! Леня достает из кармана медаль и вешает себе на грудь. Еще один удачный баланс — достал еще одну медаль и наградил себя. Все трюки один за другим начали получаться,— довольный собой, он целыми рядами вешает медали:

вся грудь, вся спина в наградах... Клоун спускается с катушек, медленно и важно уходит. Прощально приподнимает шляпу. Оттуда тоже свешиваются медали...

Клоун первым с иронией рассказал о легковесных и незаслуженных наградах уже двадцать лет назад.

Почерк клоуна виден во всем. Даже в самых простеньких репризах. Ну, скажем, реприза, построенная на разных акробатических прыжках, кувырках. Собственно, это не сюжетная сценка, а набор трюков, немного смешных по движениям. Другой клоун присоединил бы к трюкам какое-нибудь залихватское гоп-ля — и ушел под аплодисменты. Енгибаров профессионально владел несколькими жанрами, но, странное дело, это не бросалось в глаза. Он сам отвлекал зрителей от трюков, а внимание акцентировал на чем-то другом. Допустим, делал стойку на левой руке, а корпус и ноги держал в таком положении, будто лежал на боку где-то на лавке. Из-под правой руки, приставив ее ко лбу, он оглядывал зрителей с такой иронией, словно хотел сказать: «Посмотрим, что вы собой представляете!..» И уже никто не видел стойки, видели только взгляд. Так и репризу из набора акробатических трюков он не выносил на манеж до тех пор, пока не нашел решения, как уйти за занавес.

Об этом он вспоминал: «Как-то мне довелось услышать в исполнении замечательного негритянского музыканта Луи Армстронга блюз. Я был глубоко захвачен проникновенно-печальной мелодией этого блюза. Исподволь стал вырисовываться сюжет маленькой новеллы о грустном акробате. Он столько раз терпел неудачи в жизни, что даже теперь, став сильным, ловким, пластически развитым мастером, все равно не верил в успех. И он трогателен в своем неверии. Потом к этому сюжету я придумал трюки и мизансцены. Сейчас моя миниатюра уже живет на манеже.

Леня выходит к зрителям с низко опущенной головой, руки в карманах. Он делает традиционный поклон и в замедленном ритме того печального блюза начинает выполнять серию сложных трюков. В финале он так же понуро удаляется за кулисы. Инспектор манежа приглашает его на комплимент. Но, все еще не веря, что его искусство может кому-нибудь понравиться, мальчишка отрицательно качает головой...»

Каждый клоун хочет, чтобы его поняли. Енгибаров успел рассказать о себе много. Но одно для него самого осталось тайной — какое впечатление производит его герой на зрителей. Вот и в данном случае история маленького акробата-неудачника, какой она была задумана, даже не прочитывалась зрителем. Получился более сильный образ — человека, безразличного к успеху. Ему не нужны аплодисменты, и он покачивает головой, как бы говоря: «Ну зачем? Мне это совсем не надо, я думаю совсем о другом...» Он даже как бы обижался, что его акробатический выход так примитивно восприняли...

Готовясь к дебюту, Енгибаров придумывал своего героя как московского мальчишку, биография которого похожа на его собственную. Он понимал, что постепенно мальчишка, Леня, должен повзрослеть, поумнеть. Взросление произошло намного скорее. Через несколько лет вместе с актерским расцветом пришла зрелость образа, придуманный герой быстро вырос из своей легенды. Искреннего и озорного мальчишку заменил интеллигентный современник с богатым духовным миром.

«Меня иногда спрашивают, почему я на арене, в театре, в кино предпочитаю молчание, но разве пантомима — молчаливое искусство? Разве вы не слышите, как стонут руки Марселя Марсо, пытаясь разогнуть бесчисленные железные прутья бесчисленных клеток? Нет, мир пантомимы полон звуков и красок. Он гремит и грохочет, звонко поет и тихо шепчет слова любви... Пантомиму можно сравнить, пожалуй, с мультипликацией, и в движущихся рисунках и в пластике мима можно показать даже то, что невозможно в кино...»

Он умел говорить и на арене и в кино. Но не хотел. И был прав. Енгибаров показал на арене нежность, зная, что она должна быть молчалива. И молчаливое раскрытие темы делало его персонаж более значительным. Оно было к лицу его персонажу и подходило к времени. Не только потому, что люди разных стран искали общий язык и пантомима отчасти выполняла эту миссию. Клоуну, чтобы его понимала интернациональная аудитория, лучше быть мимом. И кроме того, изменился ритм жизни, изменился стиль общения между людьми. Прежние длинные диалоги и полные фразы люди на практике заменили двумя-тремя словами или словечками, из которых собеседникам совершенно ясно, что́ хотел каждый из них сказать другому. Один жест клоуна вбирает в себя множество фраз, может вызвать в памяти множество ассоциаций.

Енгибаров произнес молчаливый и сильный монолог, и каждый зритель услышал те фразы, какие мог, по его мнению, сказать клоун...

Енгибаров писал о себе в своих новеллах:

«Родился я в Москве. Девять лет провел на ринге. Заповедь «ударили по правой щеке, подставь левую» считаю в корне ошибочной.

Сменил множество профессий, и в двадцать два года мне оставалось только стать актером. Писать начал тогда же, поневоле. Никто из авторов не хотел со мной работать, пришлось самому стать сценаристом. Понравилось. Теперь с ужасом думаю: а вдруг явится настоящий сценарист...

Люблю: море, осень... Винсента Ван Гога...

Боюсь: благополучия.

Главное для меня в жизни — чувствовать ответственность за все совершающееся вокруг нас».

Как-то раз Леонид Енгибаров сидел на террасе кафе и писал. Напротив него, за другим столиком, сидела девушка и сосредоточенно его разглядывала.

Он поднял голову. Он привык к бесцеремонным взглядам. Но это — это уж чересчур...

— Почему вы так меня разглядываете? — спросил клоун, заранее зная, что́ она ответит ему и что́ вообще в таких случаях говорят зрители и поклонники популярному актеру.

— Я запоминаю рисунок вязки вашего свитера,— сказала девушка.

— А-а,— сказал клоун обескураженно,— извините.

И записал в блокноте: девушка в кафе. Рисунок свитера...

Потом с большим юмором рассказывал этот эпизод: как приготовился к комплиментам и как был разочарован. Но никто не знал, была ли такая история на самом деле или он ее придумал, сидя однажды на террасе кафе.

«...Каждый вечер я собираю тысячи аплодисментов, тысячи всплесков человеческих рук и приношу их в охапке домой.

Ты сидишь на тахте, укрывшись пледом, с книжкой в руках.

Аплодисменты тотчас же затопляют всю нашу комнату. Они плещутся у твоих ног, взлетают к потолку. И ты радуешься и хохочешь, как маленькая. Ты долго еще забавляешься и веселишься, и мне становится грустно, потому что всякая игра рано или поздно надоедает.

Тогда я распахиваю настежь окна, и аплодисменты вырываются на улицу и разлетаются... минута, другая — вот стих и последний хлопок.

Я поворачиваюсь к тебе, хочу, чтоб ты увидела, что я устал, что я голоден и у меня болят плечи...

Но ты ничего этого не видишь и не слышишь, ты ослеплена и оглушена аплодисментами...

И завтра я снова пойду собирать для тебя то, без чего ты уже не можешь жить...».

Он был в Ереване проездом. И вечером пошел в цирк посмотреть программу. Как почетного гостя, его посадили в ложу. Представление началось. Прошли два первых номера. Конечно, еще во время парада-пролога артисты увидели Енгибарова, незаметно кивали ему, и он так же незаметно здоровался с коллегами, чтобы не привлекать внимание зрителей. Но в зале уже шептались: Енгибаров... Енгибаров в ложе...

Все смотрели на ложу. И тогда инспектор громко сказал:

— Сегодня у нас на представлении присутствует клоун Леонид Енгибаров!

Зал встал. И стоя, овациями приветствовал любимого клоуна.

Енгибаров поклонился, чувствуя ужасную неловкость. Ведь он знал, что такое нарушить ритм представления.

— Не надо, я вас прошу, не надо больше аплодировать,— жестами показывал он зрителям.

Но аплодисменты не смолкали.

Тогда он встал, точными движениями мима показал, как открывает свою грудь и вынимает свое сердце. Взял свое сердце в руку, посмотрел на него, потом быстро «разделил» его на тысячи частей и широкими движениями бросил их зрителям...

Значение творчества Енгибарова трудно переоценить. Образ этого клоуна послужил прототипом героя многих произведений, к нему не раз еще будут обращаться художники разных видов искусства.

ВМЕСТО ЗАКЛЮЧЕНИЯ

Вспомним Карандаша: «Конечно, я сказал не все. Но все, что я сказал, я хотел, чтоб было современно...» Я тоже не все сказала о четырех самых известных клоунах последних пятидесяти лет. Далеко не все. Здесь нет последовательного и подробного рассказа о каждом из них, об их становлении, о событиях их жизни, тесно переплетенных с творчеством. Самым важным для меня было — увидеть современность маски популярного клоуна. Есть природные данные, талант, отточенный огромным трудом. Но будет ли этот талант принят современниками, заслужит ли он высшее признание? Для того чтобы талант состоялся, ему нужна современная направленность.

Карандаш, Олег Попов, Юрий Никулин, Леонид Енгибаров... Они начинали по-разному. И по-разному шли к успеху.

Карандаш был в числе первых выпускников Циркового училища в 1930 году. Его считали почти безнадежным учеником: будущий знаменитый клоун еле справлялся с обязательными акробатическими дисциплинами, а первые выступления на арене не вселяли ни малейшей надежды. К успеху он шел мучительно и медленно. Он был один. А на арене самым известным был «красный народный шут» Виталий Лазаренко; кроме него — Рыжие и Белые, «чаплины», куплетисты и пародисты. Молодой клоун знал, что нужно стать другим, но кем?.. Он искал ощупью, как в детской игре «холодно — горячо». И зрители невольно помогали ему. Холодно, нет реакции,— значит, не то. Теплее, теплее,— значит, направление верное. Тогда он еще не знал, что между клоуном и зрителями существует неуловимый контакт современников. Реакция зрителей служит хорошим ориентиром.

Олег Попов... Его приход к вершине славы был подобен взлету ракеты. Даже сам вечер его дебюта был неправдоподобен, как сцена из комедии с водевильными путаницами, переодеваниями. Его просили заменить заболевшего клоуна Боровикова. Выхода не было: программа осталась без коверного. Днем в больничной палате Олег Попов получил от заболевшего коллеги все инструкции, а главное,— его репризы, костюм и грим напрокат (ведь у него пока не было своих реприз). Боровикова в городе любили, и можно было предположить, что публика холодновато примет безвестного новичка, неуверенного в себе. На представлении вечером началась путаница. Зрители гадали: как будто это он, их любимец, но вроде и не он... Рассердился врач больницы, увидев своего пациента по телевидению на арене цирка, и тотчас выслал машину «скорой помощи», чтобы немедленно вернуть его на больничную койку... Растерялся сам Олег Попов, заметив в коридоре цирка прибывших из больницы санитаров,— а уже дали звонок ко второму отделению, и объясняться было некогда. Он удирал от них со всех ног, по ошибке попадая то в буфет, то в оркестр... И наконец, не помня себя, сорвал парик, схватил свои кастрюльки, тарелки, которыми учился жонглировать, и выскочил на арену... Выбежал, улыбнулся — и ему ответили улыбками, узнали: а-а, это тот самый эквилибрист на проволоке...

Потом он подготовил репертуар. Стал коверным молодежного коллектива. И очень скоро началась та фантастическая круговерть, в которую он и сам не очень бы поверил в день своего дебюта.

Енгибаров каторжно репетировал, будучи студентом Циркового училища. Жонглирование, эквилибр, акробатика. Думали, что он станет клоуном-пародистом. Ведь если будущий артист обаятелен, владеет жанрами, ему помогут придумать пародии на номера — и все в порядке. Но случилось иначе — он стал настоящим клоуном-мимом.

Когда абитуриентов принимают в Цирковое училище, в процессе обучения в первую очередь обращают внимание на то, владеют ли они жанрами цирка. Один из поступающих в училище на вопрос, что он умеет делать, простодушно ответил: «А ничего не умею, я буду как Юрий Никулин...» Он был великолепен в своем невежестве и ничего не знал о том, сколько раз Юрий Никулин выходил на арену и не знал, что ему делать: кричать, падать, суетиться, орать — все что угодно, лишь бы вызвать смех. Сколько раз он уходил с манежа при полной тишине. Ему давали советы, даже слишком много советов. Сначала была студия клоунады при Московском цирке, потом годы работы с Карандашом. Он шел к успеху ровно, спокойно и продуманно, но путь не был легким. Выступал в сценках-пантомимах: «Маленький Пьер», «Рыболовы», «Сценка на лошади». И только через десять лет у него появилась маска, он стал коверным клоуном. Никулин много раз падал духом, пока не настало время, когда он с Михаилом Шуйдиным выходил на арену и в зале возникал гомерический хохот...

Эта четверка клоунов шла к успеху разными путями и с разной скоростью. Но вот у каждого из них появилась маска (по времени это происходило в разные годы). Но сравнивая их, можно увидеть, как каждая маска, подчиняясь общим законам, проходила через периоды становления, расцвета и старения. В первый период клоуны сочиняют легко и самостоятельно, одна за другой появляются их лучшие репризы, и все удачно. Успех, успех,— сколько он длится? Это зависит и от степени талантливости актера и от того, насколько гибка и жизнеспособна сама маска. Но главное — сколь точно и глубоко она схватила время.

Но вот для нее прозвучал звонок. Ее время уходит. И начинаются несовпадения, ошибки. (Если только маска не найдет способ постоянно обновляться, получая современное политическое, научное, философское, эстетическое питание.) И тогда ошибками кумира публики мгновенно воспользуется другой клоун, который больше соответствует новому дню. Признаки старения маски, по-моему, очень сходны у знаменитых клоунов. Если клоун был солистом, то в период старения маски он уже не может без партнеров, и их роль в клоунадах становится все более заметной. Ему приходится быть более многословным, раз в репризах нет прежней точности. Клоун перестает легко сочинять, он берется за самые разные репризы — с развернутым сюжетом, все большее место в его репертуаре занимают однодневки. Он делает то, что неорганично для его маски. И маска постепенно растворяется в чуждых сюжетах. Клоун чувствует — что-то изменилось, и начинает чуть-чуть суетиться в манеже, сам этого не замечая. Как-то Юрий Никулин рассказал: они с Шуйдиным некоторое время не исполняли репризу «Ограбление квартиры», где все движения клоунов синхронны звукам, записанным на пленке. А когда после перерыва исполнили репризу, запись на магнитофонной пленке еще не закончилась. Они никак не могли понять, в чем дело. Сделали еще раз — история повторилась. Дело было в том, что первоначальная никулинская маска балбеса и недотепы постепенно разрушалась. Этот процесс очень незаметно начался с выхода фильма «Когда деревья были большими» и с репризы «Розы и шипы». Возможности актера Никулина оказались гораздо шире довольно узкого диапазона его клоунской маски «балбеса».

Фактически она перестала существовать. Вместо растяпы появился ловкий, приспособившийся тип, но и он периодически уступал место мягкому персонажу, каким был Никулин в фильмах. Эпоха застоя выдвинула своих героев, их энергия устремилась в русло добывания денег, жульничества, взяток. «Балбес» исчез, переродился. А что маска Никулина? Ускорение ритма исполнения, фельетонные репризы, то есть обычные признаки старения маски в данном случае начали работать на новый образ, появился герой застойных лет — жуликоватый продавец, хапуга-слесарь.

— Но почему вы считаете, что это современно, когда клоун садится на яйцо? — спросил меня однажды критик.— В чем тут связь с временем?

Ну, вот, опять крайность. То вообще веками не признавать никакой связи клоунов и времени, считать все случайным. Но стоило только сказать «а», как изволь доказывать, что любой поворот головы клоуна точно связан с прошлым вторником. Впрочем, извольте. Можно и сюжет с яйцом объяснить. Светлана Аллилуева рассказала, как развлекался ее державный отец. Во время ночных пиров для узкого круга он подкладывал помидоры на стулья, чтобы члены Политбюро, не заметив, сели на них. Так что у сюжета был автор.

Меняется время, вместе с ним меняется искусство. Если клоун по-настоящему современен, то публике будет нравиться, что бы он ни делал, даже если он просто садится на яйцо. А когда он не современен, то зритель сразу заметит бессмысленность, абсурдность и просто пошлость его поступков. Важно, каков сам клоун сегодня.

Последний раз Юрий Никулин выступал вместе с Карандашом во время гастролей в Лондоне в 1961 году, когда ученик и учитель еще раз вместе исполнили «Случай в парке», где Никулин был Дворником. И снова волновался как прежде: не будет ли «придираться» всегда требовательный Карандаш... Потом пути их больше на арене не перекрещивались. Остались только дружеские отношения.

Более подробно я рассказала о Карандаше не только потому, что он создал новый тип коверного и идти в его фарватере другим клоунам уже было легче, но и потому, что все сказанное о зависимости его маски от времени, о ее эволюции, о характере и финалах реприз в равной степени относится и к другим клоунам. На примере Карандаша очень ясно видны этапы развития маски — от становления до старения,— а также то, что старение маски вовсе не зависит от возраста актера и каких-либо фактов, его биографии.

Карандаш проработал на арене почти пятьдесят три года, из них сорок пять — с огромным успехом. До последнего дня жизни он оставался актером. Он не мог не быть до конца клоуном. Так же как и старый Альбер Фрателлини, последний из трех знаменитых братьев-клоунов, который написал в своих мемуарах, что скоро там, наверху (надеялся, что именно наверху — ведь клоуны делают людям столько добра), он встретится со своими братьями Полем и Франсуа, с белыми лицами и в цирковых костюмах, и они ему скажут: «Альбер, ну, ты, как всегда, опаздываешь на выход!..»

На похороны Карандаша съехались, слетелись клоуны со всех городов страны. Их было очень много, и они считали необходимым поклониться ему. Все они в какой-то мере были его учениками. И Олег Попов очень серьезно сказал: «Это уходит целая эпоха...»

Только в театральном сюжете интересно пережить боль и гибель клоуна. А в жизни это непонятно и грустно, когда клоуны уходят. Уходят их маски, их шутки, их смех. Фотографии и костюмы остаются для музея, но они почти ничего не значат. Потому что клоуны нужны людям живые. Они остаются в памяти только людей своего поколения. Даже теперь, при наличии кинозаписей их выступлений. Есть какой-то фокус в том, что кино не умеет передать живой контакт клоуна арены со зрителями — на экране этот контакт исчезает. В этом смысле повезло только Юрию Никулину. Но, собственно, его предназначением и было соединить разные жанры, будучи одновременно актером цирка и кино, соединить драму и комедию, трагикомедию и буффонаду.

Клоуны уходят как время. Вернее, они уходят вместе с ним. Конечно, полной синхронности в этом нет. Или бывает довольно редко. Но в прошлые века, когда время, его перемены отождествляли с личностью правителя, короля, а шут соответственно был его «комическим зеркалом», то подчас шута просто уничтожали. Рассказывают, что Варфоломеевская ночь началась с того, что люди Гизов прежде всего убили шута Генриха IV со словами: «Ну, теперь-то уж ему не быть королем».

В нашей действительности клоун редко уходит, он просто «сходит». И сегодня каждый клоун решает для себя сам, когда ему уйти с манежа.

Бывает, что клоун много лет повторяет свои номера, и все с тем же успехом. Видимо, эмоциональный заряд этих номеров, заложенный в них смысл, идея еще не исчерпаны — помимо конкретного содержания в номере есть что-то вечное, человеческое, что всегда будет для людей предметом размышлений и переживаний. Ю. Никулин тотчас ушел с арены, как только почувствовал, что реприз начинает не хватать. Он стал главным режиссером и директором Московского цирка на Цветном бульваре, где когда-то впервые вышел на арену, юный и беспомощный. Как давно это было, и как быстро все пронеслось... Теперь он главный в этом цирке. Когда он появляется за кулисами, артисты вежливо расступаются, стараясь, однако, оказаться на его пути, чтобы Юрий Владимирович пожал руку и сказал несколько слов. Он идет как Суворов, обходящий свои войска, и каждый рад, если Никулин остановится и о чем-то поговорит с ним. Благодаря его доступности и доброте его никогда нельзя застать одного в кабинете — вокруг множество людей. Каждый считает, что Никулин все может понять и помочь,— и легенда этого клоуна обрастает все новыми достоверными подробностями. В общем, его легенда и стала его жизнью.

Леонид Енгибаров успел сказать самое главное, несмотря на то, что его жизнь оборвалась так рано.

Он стоит под зонтом, потрепанным клоунским зонтом. Идет дождь, идет снег, падают листья, а он все так же стоит в своем клоунском костюме, чуть повернув голову, отлитый из металла, совсем недалеко от Владимира Высоцкого...

«Я могу рассказать и даже показать, как это делается, потому что я бывал в стране Фантазия. Главное — чтобы не было скучно, а потом...

Возьмите, например, что-нибудь самое обыкновенное, ну, скажем, метлу. Теперь повертите ее в руках. Как видите, это уже не метла, а гитара. Теперь вскиньте ее на плечо. Как видите, она уже винтовка. Ваша метла может превратиться в секиру, и тогда вы будете отброшены на пятьсот лет назад. Затем она внезапно станет хоккейной клюшкой и через секунду — плакатом болельщика, поддерживающего любимую команду... Но вот хоккейный матч отгремел, и ваша метла уже просто метла, которой пожилой человек, некогда мечтавший, быть может, стать хоккейной звездой, подметает трибуны...

...Если получится и это, тогда вы можете взять звездное небо, очень похожее на сито, черное сито с неровными дырочками. Просейте сквозь него все ваши фантазии и покажите их друзьям. И если в глазах друзей вы увидите светлые капли грусти и смеха, смешанного с печалью, значит, вы уже...»

Он умер в тридцать семь лет. Однажды пришел домой после спектакля и умер. Быть романтиком в период застоя? — Смешно. Он не хотел меняться — ни в жизни, ни на арене.

Одни клоуны уходят. Другие появляются на арене.

...Учится ездить на моноцикле Анатолий Марчевский — так, что вокруг все в ужасе шарахаются...

...Сидит посреди арены и задумчиво чинит ручные часы при помощи кувалды Евгений Май...

...Танцует страстное аргентинское танго трио Толдоновых. И если толстый и добродушный Петр Толдонов начинает этот танец в бархатном цилиндре и во фраке, а заканчивает его одетый в белую балетную пачку, то, наверное, так и должно быть...

Антон Пилосян учит черепаху прыгать в кольцо...

Меняется время. Меняется цирк, все его номера. Неизменно только одно: каждый вечер цирк дает представление и клоуны выходят на арену...

КАРАНДАШ

Поиски своей маски. Сначала он только подражал Чаплину, но, видимо, подражал неплохо, поскольку сумел все-таки обратить на себя внимание, выделиться среди десятков «конкурентов». Пока Карандаш еще не стал самим собой, а только одним из лучших «чаплинов»

Снова поиски маски. Выцветший пиджак, потрепанная шляпа... Опять кого-то напоминает. Ну, да, конечно, вечного бродягу и жулика, всегда попадающего в рискованные передряги, каким его сыграл Игорь Ильинский в фильмах «Праздник святого Иоргена» и «Процесс о трех миллионах». Успех этого персонажа на киноэкране был огромен. Период поисков у молодого клоуна был недолгим. Он быстро почувствовал, что бродяга не самый характерный герой сегодняшнего дня. И вообще, он смешон лишь в рамках комедийного сюжета из «заграничной жизни»

Многие клоуны стараются понравиться зрителю тем, что не хуже акробатов умеют прыгать, не хуже жонглеров подкидывать и ловить кольца и булавы, не хуже эквилибристов балансировать. Считалось, что хороший клоун не может не владеть несколькими жанрами цирка. Карандаш и прыгал, и жонглировал. Но довольно скоро понял, что клоуну не надо состязаться с акробатами и жонглерами, и тем более стараться превзойти их, хотя аплодисменты наверняка будут. Появляясь в номерах программы, клоун должен действовать по-клоунски. Вот как в этой пирамиде

Потом эта реприза стала основой для знаменитой репризы «Танк», которую он показывал в годы войны. Но в апреле 1941 года, когда сделан снимок, это была просто веселая история о клоуне, который собирался прокатиться в машине, сделанной из бочки на колесах. И вот чем это кончалось

Помните, как силовой жонглер ловит на шею тяжелое металлическое ядро? Иногда ядро подбрасывают с подкидной доски. Если вдуматься, жуткий трюк — ловить на голову ядро! Клоуну показалось, что не очень эффектно просто повторить трюк жонглера (ведь в тяжесть ядра, падающего на клоуна, никто не поверит). И он решил поймать на себя огромный шкаф с подкидной доски. Вот сейчас Карандаш прыгнет на один конец доски, шкаф подлетит в воздух, и клоун поймает его. Все получилось не так, как было задумано. Шкаф рухнул, накрыл собой клоуна. Потом была пауза. И тишина. Потом паника на манеже: «Карандаша задавило!.. Карандаша задавило! Просто в лепешку...» Когда шкаф подняли, на манеже был только контур Карандаша

Антре «Автокомбинат». Автокомбинат выяснял «суть» предмета. Испытанию подверглась котиковая шуба, которую Карандаш положил внутрь машины. Через секунду из нее вынули холщовую основу шубы и еще выскочили черные собаки. Типичный для 50-х годов номер, построенный на диалогах с партнерами с использованием довольно громоздкого реквизита. Но именно с этого номера Карандаш в те годы часто начинал свое выступление. Один из клоунов, чтобы проверить исправность комбината, говорил: «Я хочу узнать, что главное в сегодняшнем представлении» — и закладывал внутрь комбината программку представления.— «О, это я!» — восклицал Карандаш, выходя из автомата на арену

Финал «Автокомбината». Карандаш хочет выяснить, каков папаша, который плохо воспитал своего сына. И вталкивает его в недра комбината. Через секунду из него появляется осел, одетый в рубашку и штаны «папаши»

На манеже Карандаш развивал бурную деятельность. Сейчас он хочет помочь униформистам убрать пол после выступления велофигуристов. И вот как это выглядит на практике

Свои лучшие репризы Карандаш делал с очень простым реквизитом. Всего-навсего стул и кусок газеты

Классическая клоунада. Чаще всего ее называют «Вода». В практике искусства клоунады нередко какой-нибудь известный сюжетный каркас у разных исполнителей обрастает новыми и оригинальными деталями, фактически получается новый номер. У Карандаша был свой вариант этой классической клоунады с очень смешными деталями. И потом уже его вариант копировали другие клоуны

Эпизоды из клоунады «Вода». Карандаш хочет налить воду в воронку, которую держит над головой инспектор. Но никак не дотянуться — ведь инспектор очень высокого роста. Тогда Карандаш решил встать на спину другого клоуна. До воронки буквально рукой подать. Но влезть на спину клоуна, держа в руках полное ведро воды,— проблема

«Эквилибристы на лестнице!» — торжественно объявляет инспектор. Сейчас выйдут стройные акробаты и поразят нас своей ловкостью и опасностью трюков. Но когда вместо акробатов выходят клоуны, а вместо хромированной замысловатой «лестницы» выносят обычную стремянку... Да, это один из клоунских приемов — истолковать название предмета в его простом, первоначальном смысле

На смену номерам 50-х годов с длинными диалогами, громоздким реквизитом пришли репризы легкие, изящные, «карандашовские», как он их сам называл. Все временное быстро отсеивалось из репертуара. Одна из реприз этого периода «Тарелки-бутылки». Кто-нибудь из зрителей в два ряда ставит три тарелки и три бутылки. А Карандаш, стоя спиной к стенду, должен угадать, что в верхнем углу, а что в нижнем. И ведь угадывал!

Сейчас он покажет один из своих фокусов. Для этого нужно сделать кулек из газетного листа. Кажется, клоун всецело поглощен своим занятием. Но это только кажется. Клоун чувствует, что происходит вокруг него на арене. И он закончит делать кулек в тот момент, когда униформисты полностью настелют пол для следующего номера

Реприза называлась «Осел-велосипед». В этой модели велосипеда все было как положено: руль, звонок, педали и даже запасная нога

Не самая знаменитая, но типичная для Карандаша реприза. Он брал с барьера тарелку, приготовленную для исполнителей следующего номера. Зная, что этого делать нельзя, прятал ее во внутренний карман пиджака и уходил. Инспектор догонял его, находил тарелку и отбирал. Карандаш вторично брал и так же прятал тарелку. Инспектор, уже не тратя время на поиски, протягивал руку и доставал тарелку из того же кармана. Карандаш сообразил. Во внутренний карман пиджака он положил шляпу, а тарелку надел на голову. Инспектор догнал его, автоматическим движением вынул из внутреннего кармана пиджака клоуна... шляпу (хотя тарелка — да вот же она! была буквально под носом), повернулся и ушел. Как смеялся клоун!.. И только спустя несколько секунд инспектор понимал, что в руке у него шляпа, а не тарелка. Но это еще не финал репризы

«Фалда». Реприза, сделанная «из ничего». Вернее, из легкого соприкосновения фантазии с маской клоуна. Хотя и это не совсем верно. Был еще и черный фрак инспектора

Карандаш изумлен, увидев, как тучный инспектор просто бабочкой подлетел в воздух, когда, прикалывая оторванную фалду от фрака, клоун неосторожно задел инспектора булавкой

Знаменитый номер «Случай в парке». Наверное, если разбить его на эпизоды и внимательно их проанализировать, можно написать маленький учебник клоунады. В этом номере Карандаш решил для себя многие проблемы — реквизита, паузы, «публичного одиночества»

С годами клоун становился менее подвижным и уже не участвовал в акробатических номерах, не поднимался под купол к канатоходцам, но улыбка его не старела. В ней была все та же непосредственность

Пауза

ОЛЕГ ПОПОВ

Улыбка, которая покорила зрителей

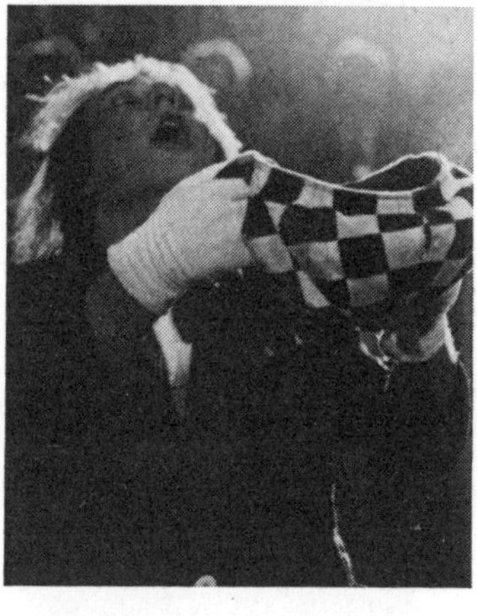

Привет от Олега Попова

Все делал с удовольствием, и самому это нравилось. Этот удачливый и энергичный молодой человек вызывал легкое чувство зависти в зрительном зале

Реприза «Повар». Бесспорно, что главное качество клоуна — непосредственность

В цирк даже на вечерние спектакли ходит много детей. Для них нет большего удовольствия, чем получить шар из рук клоуна. Такие же шары, которые продают на улице,— это уже совсем не то...

Не сосчитать, сколько раз на аренах пародировали балетное па-де-де. Это беспроигрышный вариант: смех и аплодисменты зрителей обеспечены

О, трижды несчастная Жизель…

Вариации на тему факира

Грустная история об утопленнике и враче-бюрократе, который скажет, что пациента надо кинуть обратно в воду, потому что он из другого района

Великолепный финал номера на свободной проволоке

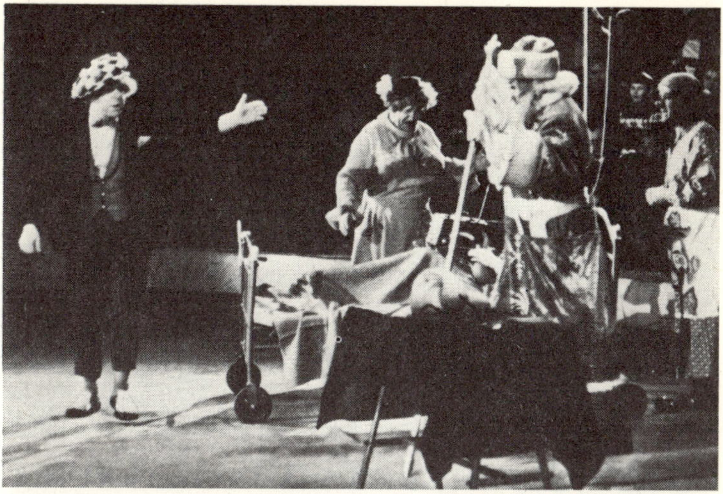

Эпизод из одного из спектаклей, осуществленных Олегом Поповым. Конечно, трудно судить о спектакле по одной фотографии. Однако видно, что клоун окружен ансамблем партнеров, и, похоже, ему досталась роль резонера

Он часто появляется и в окружении кордебалета

Строй почетного караула для прославленных мэтров

ЮРИЙ НИКУЛИН

В этом чемодане Шуйдин притащил змею. «Ее зовут Катя»,— скажет Никулин, когда чемодан будет открыт. Впрочем, иногда он говорил, что ее зовут Зина или Тамара. И почему-то это вызывало неизменный смех зала

— Цып, цып, цып, иди на место!..
— На, на, на... на место!
Сейчас змея Катя как прыгнет!..

Торжественный и чинный выезд на лошадках

А потом всадники вместе с лошадками пускаются в пляс. Никулин увлекался и забывал, что лошадку надо крепко держать. Лошадка падает, а клоун, не заметив этого, увлеченно танцует. Только свистки партнера заставляют его остановиться и оглядеть свой костюм. Испортил такой выезд!

Говорят, известный художник здесь сделал набросок для своей будущей картины «На водопое». Недостающие детали он дополнил воображением. Воображением клоунов, конечно. Ведь они всегда верят в предлагаемые обстоятельства

Дань времени — реприза о бюрократизме. Тема подсказывает и художественное решение: на арене появляется унылый письменный стол, учрежденческий стул, бумаги, папки, очки на носу для важности

Очень характерная поза для медлительного и туго соображающего «балбеса». Такова была маска клоуна в дни ее молодости

Развязка клоунады «Розы и шипы». Никулин в роли лирического героя. Но ни на секунду он не переставал быть клоуном

«Вильгельм Телль»

«Вот сейчас выстрелом из револьвера я пришпилю на этом месте бантик...»

Реприза «Бантик». Выстрелить не глядя, с закрытыми глазами — так для него лучше, так менее страшно

Чем опытнее клоун, тем меньше он нуждается в реквизите. В этой репризе Никулин уже вполне мог обходиться без револьвера. Он знает, что достаточно поднять ногу и сказать: «Пу!»— и эффект будет такой же, как от выстрела

Знаменитая реприза «Насос». Никулина надо подкачать, чтобы он стал более энергичным, и тогда даже он сможет подбросить в воздух клоуна в среднем весе

Сюжет для небольшого рассказа о том, как Юрий Никулин пытался поднять гирю

Как может одно яблоко весить килограмм?!

— Такой сорт яблок!

Фотография из серии «Клоуны у себя дома». Карандаш и Юрий Никулин

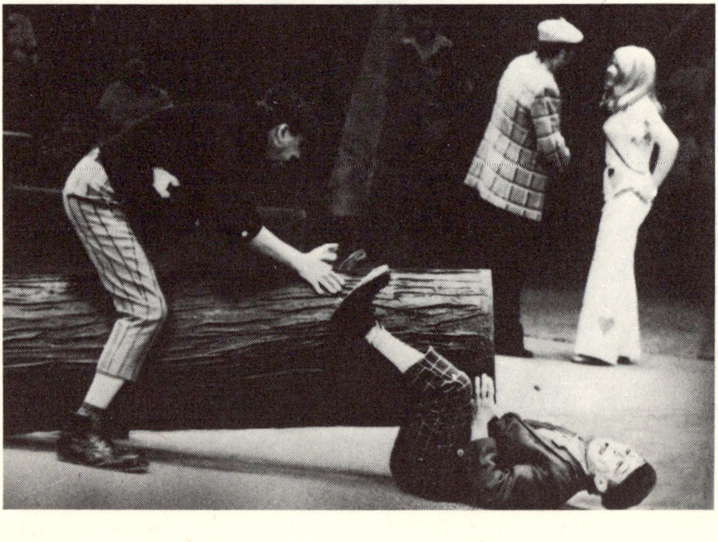

«Костюмная» роль. Богач Кукарач из спектакля «Трубка мира». Вероятно, после того как Никулин сыграл эту роль на арене, у искусствоведов прибавился материал для размышлений на тему: почему так получается, что «отрицательные» герои гораздо живее и интереснее «положительных». Никулин в роли Кукарача столько импровизировал, что в каждом спектакле неизменным оставался лишь стержень сюжета

Пока члены съемочной группы спорили, на съемочной площадке возникла критическая ситуация. «Бревно»

Самая строгая проверка маски на качество. Если дети так смеются, значит, клоун хороший. У такой аудитории абсолютный слух на искренность

ЛЕОНИД ЕНГИБАРОВ

Искусствовед скажет, что это Енгибаров раннего периода, или просто «ранний Енгибаров». Еще не исчезла юношеская угловатость, некоторая резкость, свойственная мимам. Его еще теснили номера, и ему приходилось выкраивать между ними место для реприз. Потом, когда он почувствует себя хозяином манежа, сам начнет устанавливать метраж реприз

Акцент он делал на жонглировании и хотел покорить публику своим профессиональным мастерством. Только спустя время у этой репризы появилось эмоциональное многоточие в финале. Енгибаров говорил: «Клоун — это не профессия, это — мировоззрение»

С самого начала он умел заставить публику следить за своими действиями. Зрители поняли — в этом клоуне есть что-то неординарное. Хотя не так-то легко согласиться с тем, что этот клоун показывает репризы, которые не всегда вызывают смех

Тоже «ранний Енгибаров». Он нервничал, опасался, что публика его не поймет. Все делал преувеличенно резко, даже так улыбался. Как будто на лице маска мима

Самым сильным в репризе оказались не акробатические трюки, которые он прекрасно исполнял, а этот взгляд, когда он из-под руки смотрел на зрителей. Сначала вопросительно. Постепенно во взгляде появлялось все больше иронии

«Бокс» был в репертуаре многих клоунов. Как сказал Енгибаров о репертуаре: «Эта проблема несущественна и проста. Еще ни один клоун не имел собственного репертуара». Итак, это его фантазия на тему «Бокса». Кстати, это неправда, что темы и сюжеты реприз никак не связаны с личностью клоуна, хотя сам клоун не может объяснить, почему он обратился к данному сюжету. Связь всегда существует, а в конкретном случае и искать не нужно. Прежде чем стать клоуном, он занимался боксом, выходил на ринг. И ему хорошо знакомы и чувства победителя, и чувства побежденного

Середина первого раунда

Леня переходит в наступление

Бой без правил, но зато во имя справедливости

Последний аккорд репризы «Медали». Уходя, он приподнимает шляпу, оттуда приветственно звенят медали. И такую репризу клоун делал еще двадцать лет назад!

Если у клоуна есть зонт, то непременно рваный. Но в зависимости от того, каков клоун, деталь срабатывала по-разному. Иногда рваный зонт и рваный пиджак — это социальная принадлежность. А если рваный зонт, который клоун тут же смущенно закрывал, оказывался под стать рваной рубашке под щегольским пиджаком, то это характеристика. Рваный зонт Енгибарова, скорее, говорил о жизненных бурях, через которые пришлось пройти его владельцу, о частых прогулках в осеннюю непогоду. Было ясно, что хозяин не поменяет его на новый и яркий

«Поздний Енгибаров». Мастер. Но каждое выступление все равно выход на ринг. И до последнего дня он не уставал восхищаться работой других талантливых клоунов, относиться к ним как к своим учителям

Жизнь артиста... Да, это совсем не вальс Штрауса. «Дорога — это единственное, что тебе никогда не изменит. Наскучит уют, остынет любовь, и останется только Дорога, и где-то впереди — Надежда, что будет любовь, покой... А сегодня ты снова в Дороге, и с тобой снова Тревожность. И не лги себе: без нее ты не можешь. Любовь и покой — это только мираж, без которого не бывает Дороги»

Конечно, он знал, что его фотографируют, и слегка позировал

ОГЛАВЛЕНИЕ

Румянцева Н. М.

Р86 Клоун и время: Карандаш. О. Попов. Ю. Никулин. Л. Енгибаров.— М.: Искусство, 1989.—112 с., [32] л. ил.

ISBN 5—210—00355—8

Рассматривая творчество известнейших мастеров советской клоунады: Карандаша, О. Попова, Ю. Никулина и Л. Енгибарова, автор развивает мысль о том, что в искусстве лучших клоунов всегда живет ощущение своего времени и что они пользуются успехом у зрителя до тех пор, пока их клоунские маски отвечают задачам времени. Автор стремится нарисовать объективные портреты ведущих артистов манежа и потому рассказывает не только об их удачах и творческих победах, но и об их художественных просчетах, ошибках, о том, как постепенно старели их клоунские маски.

Издание иллюстрировано.

Для широких кругов читателей.

Р $\frac{4909000000—119}{025(01)—89}$ 124—89 **ББК 85.35**

НАТАЛИЯ МИХАЙЛОВНА РУМЯНЦЕВА

КЛОУН И ВРЕМЯ

Редактор *Е. Г. Розенберг*. Художник *Э. Е. Дмитренко*. Художественный редактор *Л. А. Иванова*. Технический редактор *Г. П. Давидок*. Корректор *М. Л. Лебедева*.

И. Б. № 4075.

Сдано в набор 17.10.88. Подписано в печать 12.05.89. А07000. Формат издания 84×108/32. Бумага типографская № 1, для иллюстраций офсетная. Гарнитура типа-таймс. Высокая печать. Усл. печ. л. 9,24. Усл. кр.-отт. 13,35. Уч.-изд. л. 9,586. Изд. № 14228. Тираж 50 000. Заказ 221. Цена 80 коп. Издательство «Искусство», 103009 Москва, Собиновский пер., 3. Ордена Октябрьской Революции и ордена Трудового Красного Знамени МПО «Первая Образцовая типография» Государственного комитета СССР по печати. 113054, Москва, Валовая, 28.